U0491395

国家自然科学基金青年项目（批准号：72002087）

文化如何赋能
品牌的全球化发展

聂春艳　赵 星◎著

WENHUA RUHE FUNENG
PINPAI DE QUANQIUHUA FAZHAN

图书在版编目（CIP）数据

文化如何赋能品牌的全球化发展 / 聂春艳，赵星著. 北京 ：企业管理出版社，2024. 8. -- ISBN 978-7-5164-3110-8

Ⅰ. G114

中国国家版本馆 CIP 数据核字第 2024ZD9578 号

书　　名：文化如何赋能品牌的全球化发展

书　　号：ISBN 978-7-5164-3110-8

作　　者：聂春艳　赵　星

责任编辑：赵喜勤

出版发行：企业管理出版社

经　　销：新华书店

地　　址：北京市海淀区紫竹院南路 17 号　　**邮编：**100048

网　　址：http：//www.emph.cn　　**电子信箱：**zhaoxq13@163.com

电　　话：编辑部（010）68420309　　发行部（010）68417763、68414644

印　　刷：北京厚诚则铭印刷科技有限公司

版　　次：2024 年 9 月第 1 版

印　　次：2024 年 9 月第 1 次印刷

开　　本：710 mm × 1000 mm　1/16

印　　张：10.75 印张

字　　数：129 千字

定　　价：68.00 元

前　言

全球化不仅极大促进了世界各地的经济贸易往来，也显著增强了不同文化之间的交流和碰撞，而中华民族优秀的传统文化也在这个过程中受到越来越多的世界人民的喜爱。习近平总书记在《干在实处走在前列》一书中指出："文化的力量最终可以转化为物质的力量，文化的软实力最终可以转化为经济的硬实力。"那么，跨国企业应该如何借助文化的力量来促进品牌的全球化发展呢？

本书从全球品牌对于当地文化元素的应用实践出发，在综合回顾国内外相关研究的基础上，对于一般情境下和犯错情境下，企业应该如何应用文化资源以助力品牌的全球化发展提出了相关假设，并采用实验研究方法对其效果进行了检验，而后提出了文化赋能品牌全球化发展的一些可能路径，这不仅对跨国企业的全球化发展具有一定的指导和借鉴意义，也可以更好地助力中国文化走向全世界，提升我国的文化软实力。

最后，我们要感谢国家自然科学基金委员会的大力支持，本书的出版受到了国家自然科学基金项目（批准号：72002087）的全额资助。此外，还要感谢江西财经大学为我们提供了良好的研究平台，感谢企业管理出版社的编辑对本书进行了认真、细致的编辑加工，让本书能够以更好的面目呈现给读者。

书中难免存在不足之处，欢迎读者朋友批评指正。

聂春艳　赵　星

2024 年 7 月

目　录

导 论

第一节 研究背景

随着经济全球化的发展，可以毫不夸张地说，我们即便不出国门，也可以享受到世界各地的产品或者服务，也能了解世界各国不同的风俗、传统和文化。在全球化社会中，我们发现来自不同文化传统的象征性符号常常在相同的地点出现，这种现象被称为“文化混搭”（Chiu et al.，2009）。例如，肯德基广告中水墨元素的运用、麦当劳的米饭汉堡和星巴克月饼等。在现实生活中我们会发现，这样的文化混搭现象，有的可能会让人们觉得耳目一新、极具创意，例如北京烤鸭比萨、必胜客的铜钱比萨等；而有的却可能让人们觉得外国文化侵犯了其母国文化，进而遭到他们的负面评价、反感，甚至是强烈抵制，例如在长城开设的麦当劳分店，意大利奢侈品牌杜嘉班纳在广告中教中国模特用筷子吃意大利美食等。即便是面对同样两种文化元素的混搭，消费者的态度也可能会截然相反。例如，当在国际比赛以外的场合看到外国国旗悬挂于五星红旗之上时，会让我们感觉到不快，但当我们看到五星红旗置于外国国旗之上时，我们却并不会感到不快。类似的，当我们看到美国自由女神像与中国龙同框出现时，若自由女神在上而中国龙在下，我们也会感觉到不快，但若将二者所处的位置调换，即中国龙在上而自由女神在下时，我们却并不会感觉到不快。明明是同样两种文化元素的混搭，缘何消费者会表现出两种截然不同的态度呢？

现有的文化混搭研究，主要是对混搭文化本身的特征如文化混搭中是否涉及内群体文化（Cheng et al.，2011；Cheon et al.，2016）、文化符号的象征性水平（Yang，2011；彭璐珞，2013）、文化之间的相似性（Torelli and Ahluwalia，2012；Peng and Xie，2016）等，消费者的个体特征如文化认同（Morris et al.，2011；Shi et al.，2016；Cheon et al.，2016）、思维开放性（Shi et al.，2016；Martin and Shao，2016；Chen et al.，2016）、认知性需求（Torelli et al.，2011；Keersmaecker et al.，2016）等，还有外部环境特征如死亡威胁情境（Leung and Chiu，2010；Torelli et al.，2011）、文化或国家威胁情境（Cheng，2010；Jia et al.，2011）等进行探讨，很少有研究去探讨文化混搭的特征，尤其是不同的文化混搭方式对消费者态度的影响。文化混搭涉及来自不同文化的符号同时在相同空间并存（Chiu et al.，2009），而改变两种或更多文化符号之间的物理位置和交互方式，其可以呈现出不同的文化混搭形式（Hao et al.，2016），然而，现有研究仅探讨了不同文化符号之间是否有交叉，以及相互交叉的程度会如何影响消费者的态度，却没有考虑混搭的不同文化符号之间的相对物理位置对消费者态度的影响。根据空间隐喻理论可知，物理上的空间方位往往隐喻映射着不同的概念，而这会影响人们对事物的认知和态度（Lakoff and Johnson，1980）。现有研究中涉及的文化混搭现象，混搭的不同文化符号之间基本处于同一水平位置，还没有研究探讨混搭的不同文化符号在垂直空间的相对上下位置对消费者态度产生的影响。

因此，本研究拟基于具身认知的视角，以空间隐喻理论为基础，探讨上下意象图式对消费者的文化混搭态度的影响，即混搭的外国文化符号与母国文化符号之间的相对上下位置是否，以及如何影响消费者对文化混搭的态度，其中的作用机制和心理过程是怎样的，并分别从消费者个体特征、混搭文化特征及企业营销特征着手探讨可能存在的调节变量。这在拓展现有的文化混搭研究及全球化的文化影响研究的同时，还可为企业运用国家文化元素和促进品牌的国际化提供相关指导与建议。

第二节 研究内容

前文在详细剖析本书研究背景的基础上，明确了主要研究目的，即从具身认知的角度，基于空间隐喻理论，深入探讨上下意象图式对消费者的文化混搭态度的影响。具体来说，就是探讨混搭的文化符号的相对上下位置对消费者的文化混搭态度的影响，并深入剖析其潜在作用机制及可能存在的调节变量。概括来说，本书的研究内容主要有以下两大方面。

研究内容一：上下意象图式对消费者的文化混搭态度的影响及其中间机制和边界条件

改变两种或更多文化符号之间的物理位置和交互方式，可以呈现出不同的文化混搭形式（Hao et al.，2016）。尽管以往研究已经指出，混搭的文化符号的位置会影响消费者对文化混搭的态度，但其主要关注的是混搭的文化符号之间的空间距离（彼此之间是否有交叉）的影响（Yang et al.，2016；Cheon et al.，2016；Keersmaecker et al.，2016），并未考虑文化符号之间的相对物理位置会如何影响消费者的态度。而空间隐喻理论指出，事物在物理上的特定空间位置往往隐喻映射着特定的抽象概念，这会影响个体对于事物的认知和评价（Lakoffaa and Turner，1989）。因此，本书的第一个研究内容就是检验混搭的文化符号的相对上下位置是否，以及如何影响消费者对文化混搭的态度。具体来说，它包括以下四方面的研究。

第一，检验上下意象图式对消费者的文化混搭态度的差异化影响，即探讨“外国文化—母国文化”与“母国文化—外国文化”的混搭方式对消费者的文化混搭态度的差异化影响。

第二，分析上下意象图式影响消费者的文化混搭态度的中间作用机制，即检验上下意象图式的文化威胁路径对消费者的文化混搭态度的影响。

第三，探索影响上下意象图式和消费者的文化混搭态度之间的关系的重要调节变量，即分别从消费者个体特征、混搭文化特征和企业营销特征分析消费者支配性特质、文化符号的文化象征水平和企业的心理表征干扰的调节效应。

第四，检验上下意象图式效应是否存在跨文化差异。以往研究成果指出，相比个体主义文化，集体主义文化中的个体具有更高的长期文化威胁忧虑（Cheng，2010）。因此，本研究拟检验上下意象图式在个体主义文化和集体主义文化之间是否存在明显差异。

研究内容二：在品牌犯错情境下，文化混搭对消费者的宽恕意愿的影响及其中间机制和边界条件

以往研究指出，当地文化元素的应用能够引发消费者的熟悉感和认同感，进而提升他们的品牌态度（Wu，2011；何佳讯等，2014），这使得越来越多的全球品牌开始在产品设计或营销过程中融合使用当地文化元素。现有研究探讨的也大多是全球品牌应该如何应用当地文化元素才能够达到更好的效果（何佳讯等，2014；He and Wang，2017），很少有研究关注当这样的全球品牌犯错时，这种当地文化元素的应用是有助于品牌获得消费者的谅解，还是会加剧他们对品牌的负面态度。因为全球品牌往往象征着其来源国的文化（He and Wang，2017），当其应用当地文化元素时也就出现了文化混搭（Nie and Wang，2021）。因此，本书的第二个研究内容是检验文化混搭是否，以及如何影响消费者对犯错全球品牌的宽恕意愿。具体来说，它包括以下两方面的研究。

第一，考察了在全球品牌犯错的情况下，文化混搭对消费者的宽恕意愿的影响及其作用机制和边界，即检验了消费者对文化混搭品牌和非文化混搭品牌犯错的差异化态度，以及感知心理距离的中介作用和品牌犯错类型的调节效应。

第二，考察了在全球品牌犯错的情况下，道歉框架（本土化形象 VS 全球化形象）对消费者的宽恕意愿的影响及其作用机制和边界，即消费者对采用本土化形象和全球化形象道歉框架的全球品牌的差异化态度，以及感知心理距离的中介作用和品牌犯错类型的调节效应。

第三节　研究思路与篇章架构

一、研究思路

本研究采用定性与定量相结合的研究方法，其中，定性方法主要指的是焦点小组座谈，其主要用于三个方面：首先，开发研究中需要的文化混搭刺激物，即选择混搭的外国文化符号与母国文化符号；其次，界定研究中涉及的变量的实验操控方法，根据混搭的文化符号的相对上下位置进行不同的文化混搭方式的构建；最后，研究中涉及的相关实验场景的建构。定量方法则主要指的是实验研究法，主要用于检验本项目的总体研究框架及相关的研究假设。本研究的具体思路下图所示。

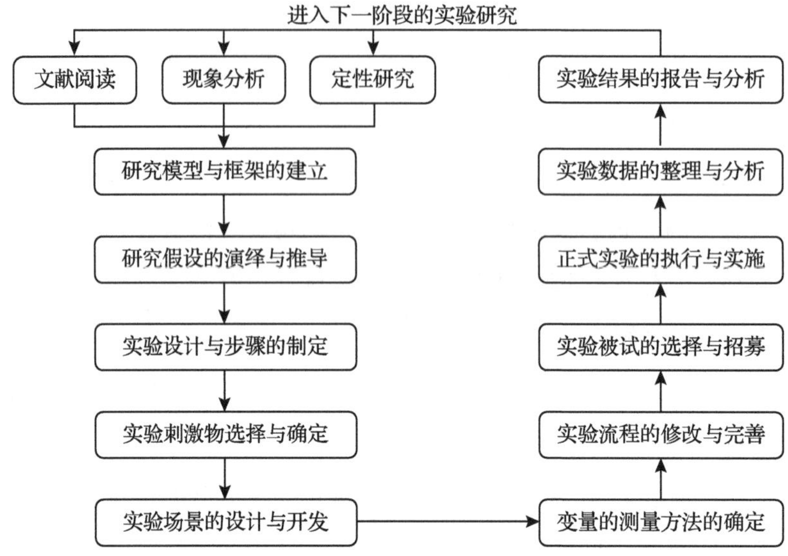

首先，前期理论模型构建阶段，在对现象进行分析和总结的基础上，结合初步的定性研究结果，并查阅相关文献进行详细的梳理和概括后，提出研究问题，并建立总体研究模型与框架，然后进行研究假设的演绎与推导。其次，实验准备阶段，进行实验设计并确定实验步骤，采用定性研究方法选择并确定实验刺激物，然后设计并开发正式实验场景，确定各个变量的实验操纵方法和测量方法，并在正式实验前对整个实验流程进行最后的修改和完善。最后，正式实验阶段，选择并招募符合要求的被试进行正式实验，然后对数据进行清理和分析，报告研究结果并形成最后的研究结论，而后进入下一阶段的实验研究。

二、篇章架构

导论。该部分主要从现实和理论出发，分析研究背景和出发点，然后提出研究问题，并具体阐述了研究内容和拟定的研究思路，最后对本书的篇章架构做了简介。

第一章，文化混搭相关研究回顾。该部分对文化研究范式演变、文化混搭的概念定义、文化混搭对消费者心理和行为的影响，以及消费者对文化混搭的反应及其影响因素、中介和调节变量进行了梳理和总结，并指出了现有研究存在的不足及未来可供研究的方向。

第二章，上下意象图式相关研究回顾。该部分对上下意象图式的概念定义，以及上下意象图式与抽象概念的隐喻映射关系进行了回顾，为后续研究主效应的提出打下了文献基础。

第三章，理论基础与研究假设。该部分首先对本研究的理论基础进行了回顾，主要包括具身认知理论和空间隐喻理论，为后续的研究模型构建打下了理论基础。其次提出了本研究的主要理论模型，并对研究假设进行了演绎和推导，即上下意象图式会通过感知文化威胁影响消费者的文化混搭态度，而消费者的支配性特质、混搭文化符号的文化象征水平，以及企业的心理表征干扰都会起到调节作用。

第四章，上下意象图式影响消费者文化混搭态度的实证研究。该部分采用实验法检验了上下意象图式对消费者文化混搭态度的差异化影响，感知文化威胁的中介作用，以及消费者支配性特质、文化符号的文化象征水平和相对大小的调节作用，并对这种上下意象图式效应的跨文化差异进行了检验。

第五章，文化混搭犯错影响消费者宽恕意愿的实证研究。该部分采用实验法检验了在品牌犯错情境下，文化混搭对消费者宽恕意愿的影响，心理距离的中介作用及品牌犯错类型的调节效应。

第六章，全球品牌的道歉框架影响消费者宽恕意愿的实证研究。该部分也采用实验法检验了在品牌犯错情境下，全球品牌的不同道歉框架策略（全球化形象 VS 本土化形象）对消费者宽恕意愿的影响。

第七章，结论与展望。该部分对本书的研究结论进行了概括和总结，并据此阐述了本研究的理论贡献及管理启示。此外，也指出了研究的局限性并提出了未来的改进建议。

第一章　文化混搭相关研究回顾

关于文化混搭，以往的学者们也进行了较为积极的探讨。但相对来说，这还是一个新兴的研究领域。因此，本章将通过对文化混搭领域的相关文献进行详细回顾，系统梳理文化研究的范式演变过程，文化混搭的概念定义、文化混搭对人们的心理与行为的影响，以及人们对文化混搭的反应类型、心理机制和调节变量，并概括得出文化混搭研究的一个全模型框架图。这不仅可以为未来的文化混搭研究厘清研究脉络，也可以为企业的文化混搭产品设计和营销传播提供一些好的建议。

第一节　文献计量分析结果

本研究先采用 HistCite 文献计量分析软件，对从 Web of Science 核心合集数据库中检索到的文化混搭主题文献进行了初步的可视化分析。检索时，以“culture mixing”为主要关键词，“multicultural experience”“foreign culture inflow”为次要关键词，研究方向选择“Psychology”“Business Economics”“Cultural Studies”进行精确检索，然后进行人工筛选，最后得到 63 篇重要文献进入后续分析。

一、发表文献的年度分析

图 1-1 呈现了 2007—2022 年 1 月以来每年发表的文化混搭研究文献的数量趋势。从图 1-1 中可以看出，文化混搭相关研究是从

2008 年左右开始的，但直到 2016 年才呈现出一波较为明显的增长，之后就一直维持在相对比较稳定的水平。可以看出，文化混搭属于一个相对比较新的研究领域。

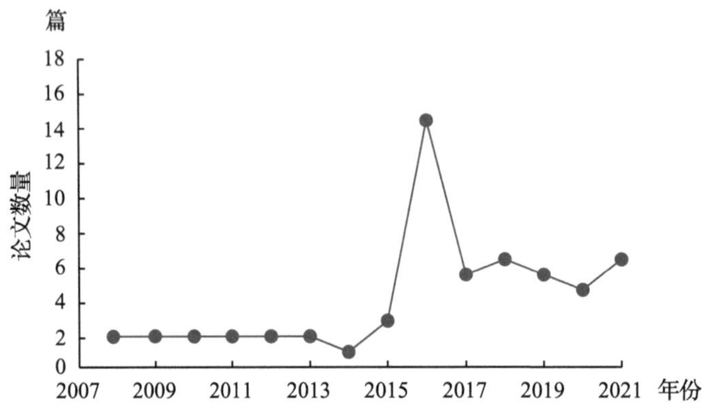

图 1-1　2007—2021 年 1 月每年发表论文数量图

对文化混搭研究文献发表的杂志统计分析，结果如表 1-1 所示。从表 1-1 可以看出，现有的文化混搭相关文章多数发表在心理学领域的杂志上，发表在商业和经济学领域杂志上的相对比较少。具体来说，在心理学领域中，发表在 *Journal of Cross-Cultural Psychology* 上的文章最多，总共有 17 篇，全球引用次数为 430 次。而在商业和经济学领域，主要发表在 *International Marketing Review* 和 *Journal of Business Research* 上。另外，在 *American Psychologist* 发表的 2 篇相关文献，全球引用次数高达 467 次，可以说是该领域非常重要的参考文献。

表 1-1　论文发表数量 top10 期刊

排名	期刊	数量	引用次数
1	*Journal of Cross-Cultural Psychology*	17	430
2	*International Journal of Intercultural relations*	5	50

续表

排名	期刊	数量	引用次数
3	*Frontiers in Psychology*	3	7
4	*Social Psychology*	3	13
5	*American Psychologist*	2	467
6	*Asian Journal of Social Psychology*	2	15
7	*International Marketing Review*	2	31
8	*Journal of Business Research*	2	25
9	*Journal of Personality and Social Psychology*	2	86
10	*Social Psychological and Personality Science*	2	86

二、发表文献的作者分析

文化混搭研究领域的主要学者如表 1–2 所示。表 1–2 中按照发表文化混搭相关文章的数量进行排名，列出了排在前十位的学者。其中，成果较丰硕且影响力较大的前三位学者分别是 Chiu Chi–yue、Leung Angela K.–y. 和 Glainsky Adam D.。

表 1–2 论文发表数量 top10 作者

排名	作者	数量	引用次数
1	Chiu Chi–yue	8	801
2	Leung Angela K. –y.	6	829
3	Galinsky Adam D.	6	668
4	Hong Ying–yi	5	135
5	Maddux William W.	5	667
6	Sparkman David J.	5	36
7	Tadmor Carmit T.	5	198
8	Cheon Bobby K.	4	62
9	Chao Melody M.	3	108
10	Chen Xia	2	24

第二节　文化研究范式的演变

在20世纪中期以前，心理学者普遍认为，决定个体心理的因素主要来源于个体内部（叶浩生，2004），直至20世纪中后期，社会文化因素的影响才逐渐受到学者们的关注和重视。现如今，文化已被认为是社会认知、动机和行为的主要决定因素之一（Morrise et al.，2015；聂春艳，2018）。然而，对于“文化”的定义，学术界却并未达成统一意见。其中，较为典型的有霍夫斯泰德在1984年将文化定义为可将一个社群中的成员区别于另一个的一种思维共同程序；而Leung等（2010）和Morris等（2015）则认为文化是能使一个群体的行为协调一致的一种思想和实践的松散整合系统。不同学者的定义虽有所差异，但都明确了文化的两个重要界定特征，即共享性和连续性，强调文化是在一定时空内被相互依赖的一群人共享并世代传播的。这也决定了文化有别于家庭传统和时尚。

从文化进入心理学研究的主流领域开始，前后主要产生了四种文化研究范式。首先是跨文化心理学，主要关注的是不同群体（如国家、区域等）之间的文化差异性。其次是文化心理学，主要探讨的是文化在个体心理和行为塑造过程中所起的作用。这两种文化研究范式都将一种文化看作是完全独立于另一种文化的，且只看到不同文化之间的差异性，却忽略了不同文化之间可能存在的交集。之后的基于动态建构主义的多元文化心理学就指出，两种或两种以上的文化是可以在个体内部同时存在的，且个体还可以在不同情境下在不同的文化框架之间进行动态转换（杨晓莉等，2010；Hong，2010）。然而，它与跨文化心理学和文化心理学一样，都认为不同文化在起源和发展过程中是互不影响的。文化会聚主义心理学却认为，任何一种文化都不是孤立存在的，每一种文化本质上都是多种文化之间相互影响和相互作用的产物（Morris et al.，2015；邹智敏和江叶诗，2015）。也正因此，文化混搭成为该文化研究范式下的一个重要主题。

第三节　文化混搭的概念定义

在对文化混搭进行定义之前，先要弄清楚何谓“文化”，这在前文当中已有阐述。而“混搭”一词最初源于时尚界，从时尚术语“Mix & Match”翻译而来。其中，“Mix”有“混合”之意，而“Match”则有“使之匹配”之意，当把二者组合起来使用，就有将不同性质的东西拼凑在一起，以达到出人意料的效果的意思，中文翻译成“混搭”。

因此，文化混搭指的就是来自不同文化的象征性符号在同一时空内并存（Chiu et al.，2011）。关于这一定义，需特别注意三点：一是其中的“文化”既包括更加宏观的区域、国家和地区的文化，也包括更加微观的民族、宗教、商业，甚至是学科文化（彭璐珞等，2017），这既包括同一时期的文化，也囊括了不同时期的文化。二是这种文化混搭主要指的是一种外在的环境现象，而非个体内在的心理感受（彭璐珞等，2017），因此，个体的多元文化经历就不能称为文化混搭。三是同一时空并存，形式可以多样，不同文化既可没有交集，只是并列呈现，也可存在一定的交叉或是完全重叠，甚至是彼此融合成一个新的实体。

这意味着，文化混搭可以表现出多种形式。根据混搭的不同文化符号之间的物理位置和交互特点，文化混搭可以表现出五种形式：①彼此无交集，只是并排呈现的“文化并列”；②彼此只存在边缘性接触的“文化交集”；③彼此之间具有部分共同领域的“文化重叠”；④一方完全叠加于另一方之上的“文化叠合”；⑤彼此融合形成了一种新的实体的“文化融合”（Hao et al.，2016）。而彭璐珞和赵娜（2015）根据文化互动中的双方关系，以及对不同文化符号的折中方式，更加细致地将文化混搭划分成融通、附会、分理、并置、统摄、移接、转化、叠合和协同九种形式。

第四节　文化混搭对人们的心理及行为的影响

与只启动单一文化的文化启动研究不同，文化混搭涉及至少两种不同文化的同时启动，那它会如何影响人们的心理及行为呢?

一、文化混搭对文化认知的影响

曝光于两种不同的文化面前，将使人们使用文化作为一种组织认知的图式，并引发一种知觉对比效应，将人们的注意力吸引到不同文化之间的差异性上，进而增强感知到的文化之间的不兼容性及典型性刻板印象等，这就是二元文化启动效应（Chiu et al.，2009）。实验室实验（Torelli et al.，2011；Peng and Xie，2016）和田野实验（Chen and Chiu，2010；Cheng et al.，2011）都发现，相比单文化启动，二元文化启动会增强人们将文化典型性特征归于对应文化群体的倾向，并增强人们对文化的不兼容性及文化边界的难以渗透性的感知。研究还指出，二元文化启动效应的发生，要求两种文化符号必须满足以下三个条件：①同时并列呈现而非顺序展示；②各自文化的象征性或代表性符号；③感知不相似性（Peng and Xie，2016）。

二、文化混搭对认知闭合需求的影响

认知闭合需求是个体的一种稳定的认知特征，它反映的是个体在面对模糊情境时寻求一个明确或清晰答案的动机或愿望（Kruglanski，1989）。研究指出，曝光于文化混搭面前有利于认知“解冻”，即促使人们通过认知深加工而不是依靠现有的知觉图式来对环境做出反应和解释，这会降低他们的认知闭合需求（Tadmor et al.，2012）。然而，Morris 等（2011）却认为，文化混搭对认知闭合需求的影响要视外国文化认同水平而定，只有对于低外国文化认同者来说，相比单一文化启动，文化混搭启动会提高他们的认知闭合需求，而对于高外国文化认同者，两者之间并无明显差异。可以看出，学者们都认为文化混搭会影响人们的认知闭合需求，但具体会怎么影响以及有哪些调节因素，还需更进一步探讨和明确。

三、文化混搭对群际偏见的影响

关于文化混搭对群际偏见的影响，现有研究得出了两个相互矛盾的结论。其中，Tadmor 等（2012）指出，文化混搭可以通过认知“解冻”缓解人们的群际偏见，如刻板印象、种族主义及歧视雇佣等。而 Shi 等（2016）则认为，入侵性文化混搭（外国文化符号叠加在母国文化符号之上）会增强人们对入侵性外国文化群体的内隐偏见。得出这样看似矛盾的结论的原因有两个：一是两者在研究中采用的文化混搭形式存在差异，前者采用的是文化共现，后者采用的是文化叠合；二是测量的因变量不同，前者测量的是对第三方文化群体的态度，而后者测量的则是对入侵外国文化群体的态度。

四、文化混搭对创造力的影响

对于不同的文化进行混搭，人们如何看待这些不同的文化将决定他们对该文化混搭的态度。当不同文化被看作是相互补充的智力资源时，将有助于提高人们的创造性表现（Torelli et al.，2011；吴莹等，2014）。Leung 等（2008）、Leung 和 Chiu（2010）指出，文化混搭会促进多样化信息的搜索及创造性概念的生成和扩展，而这些将有助于创造性思维的生成，进而提升个体的创造力。而 Cheng 等（2011）也发现，二元文化曝光会通过提高创造性的两种支撑能力（差异化和整合）进而提高个体的创造性表现，尤其是当其中涉及个体自身的文化时。

五、文化混搭对组织变革接受程度的影响

文化混搭也有助于提高个体对组织变革的接受程度。例如，Fu 等（2016）的研究就发现，相比单一文化启动组的企业管理者，处于文化混搭启动组的企业管理者将更可能接受企业的薪资结构改革决定。因为文化混搭有助于促进人们的非常规信息处理，而这会增强他们的思维开放性，从而使他们更易于接受组织变革。

第五节　人们对文化混搭的反应类型

先前的研究指出，文化混搭会扩大人们对不同文化之间的感知差异性（Chiu et al.，2009；Li et al.，2013），这可能会导致他们对文化混搭产生两种不同的反应，即排斥性反应和融合性反应（Chiu et al.，2011）。其中，排斥性反应是由对个体传统文化的感知威胁所引

发的，这会导致指向保护个体传统文化的排他性行为；而融合性反应则是当个体将外国文化看作是相辅相成的智力资源时发生的，这会引发他们对外国文化的包容性行为（Chiu et al.，2011）。具体来说，两种反应之间的差异如表 1–3 所示。

表 1–3　排斥性反应和融合性反应之间的差异对比

排斥性反应	融合性反应
害怕文化污染或侵蚀的情绪反应	指向问题解决的目标导向反应
快速、自发、反射性	缓慢，深思熟虑，需要努力
将外国文化感知为文化威胁	将外国文化感知为文化资源
高身份显著性	低身份显著性
消极的跨文化情感：嫉妒、恐惧、愤怒、厌恶、遗憾	积极的跨文化情感：钦佩
排他性行为反应：孤立、拒绝、攻击	包容性行为反应：接纳、融合、综合
保护传统文化的完整性和生命力的需要会增强反应	一种文化学习心态会增强反应
认知需要会减弱反应	认知闭合需求会减弱反应

*资料来源：*Chiu C Y，Gries P，Torellic C J，et al. Toward a social psychology of globalization［J］. Journal of Social Issues，2011，64（4）：663–676.

这样的划分方式主要借鉴了全球化研究中人们对外国文化流入的态度，但彭璐珞和赵娜（2015）认为，曝光于文化混搭面前时，人们会同时面临对外国文化和母国文化的取舍问题。若完全接纳外国文化但舍弃本国文化，则为“同化式反应”，对应于“融合性反应”；若完全排斥外国文化但维护母国文化，则为“对比式反应”，对应于“排斥性反应”。若介于两者之间，即试图调和外国文化与母国文化，则为“混搭式反应”。不过，这种分类方法主要针对的是涉及母国文化的文化混搭。

那么，文化混搭引发的排斥性反应和融合性反应具体包括哪些呢？研究发现，文化混搭可能引发的排斥性反应包括负面评价（Torelli and Ahluwalia，2012；Yang et al.，2016）和情绪体验（Cheng，2010；Cheon et al.，2016），以及不接受、拒绝甚至是抵制（Cheng，2010；Shi et al.，2016）等负面行为（彭璐珞等，2017）。而融合性反应指的是对文化混搭持包容、接纳等积极肯定的态度，如正面评价（Peng and Xie，2016），以及激发个体创造力（Leung and Chiu，2010；Cheng and Leung，2012；Chen et al.，2016）。

第六节　人们对文化混搭的反应的心理机制

一、人们对文化混搭产生排斥性反应的心理机制

先前的研究指出，排斥性反应是一种情绪性、反射性的反应（Chiu et al.，2011）。那么，文化混搭导致人们的排斥性反应的心理机制有哪些呢？

（一）文化威胁

以往的研究多数采用文化威胁作为心理解释机制，尤其是当文化混搭中涉及个体的母国文化时。因为文化符号是文化身份的携带者，当外国文化符号和母国文化符号在同一时空呈现时，可能会引发人们对外国文化威胁母国文化的完整性与生命力的忧虑，从而导致他们对文化混搭产生排斥性反应（Cheng，2010；Torelli et al.，2011；Yang et al.，2016；Cheon et al.，2016）。

（二）负面情绪

因为排斥性反应是一种情绪性、反射性的反应（Cheng et al.，2011）。因而，也有一些研究从个体情绪入手，最后的研究结果发

现，文化混搭会因为将两种不同的文化同时呈现而引发人们的悲伤、愤怒和厌恶等负面情绪，从而导致他们对文化混搭产生排斥性反应（Wu et al.，2014；Cheon et al.，2016）。

（三）加工流畅性

加工流畅性指的是个体对信息加工难易程度的一种主观感受（周南和王殿文，2014）。个体对目标刺激物的加工流畅性越低，他们对目标刺激物的评价也会降低（Lee and Labroo，2004；Reber et al.，2004）。文化混搭因为会同时激活个体头脑中的不同文化图式，所以会降低他们对文化混搭的加工流畅性，进而降低对文化混搭的评价（Torelli and Ahluwalia，2012）。

（四）内隐偏见

先前的研究已经指出，对一个外群体的消极内隐态度会引发群际冲突（Shi et al.，2016）。而带有入侵性的文化混搭，如外国公司收购本土公司，以及外国文化和本土文化的叠合，就容易引发人们对一个外国群体的内隐偏见，进而导致他们对该外国入侵者的排斥性反应（Yang et al.，2014；Shi et al.，2016）。

二、人们对文化混搭产生融合性反应的心理机制

融合性反应是人们将混搭的外国文化当作一种相辅相成的智力资源时产生的反应，反映的是一种文化学习的心态（Leung and Chiu，2010；Torelli et al.，2011）。那么，文化混搭引发人们的融合性反应的心理机制有哪些呢？

（一）感知创意性

以往关于多元文化经历的研究指出，认识到文化之间的差异是创造性活动的第一个过程（Tadmor et al.，2009）。而文化混搭会引发一种知觉对比效应，进而扩大不同文化之间的感知差异性，这就有

助于创造性活动的第一个过程，因而会提高人们的创意性感知，从而引发他们对文化混搭的正面反应（Peng and Xie，2016）。

（二）负面情绪

曝光于文化混搭面前，会使得人们同时面临来自不同文化的想法，以及它们之间的明显矛盾，这将会引发他们的认知失调，进而诱发负面情绪体验，而这反过来会促使他们对混搭的不同文化的深度认知加工，从而促进差异化和整合化这两种创造性支撑能力的发展，最终促进他们的创造性表现（Cheng et al.，2011）。

第七节　人们对文化混搭的反应的调节因素

一、人们对文化混搭的排斥性反应的调节因素

现有的文化混搭研究，主要是从混搭文化的特征、文化混搭的特征，以及消费者的个体特征来探讨消费者对文化混搭产生排斥性反应的调节因素。

（一）混搭文化的特征

现有研究主要探讨了混搭文化的四个特征的调节作用：①是否涉及内文化；②文化或国家的影响力及其力量对比；③文化之间的相似性程度；④文化符号的文化象征水平及所属领域。

1. 是否涉及内文化

恐惧管理理论指出，个体具有保护他们的文化生命力的存在主义动机（Greenberg et al.，1990）。因此，相比于两种外文化的混搭，当将外文化与内文化进行混搭时，可能引发人们对外文化污染内文化的忧虑，从而会导致他们表现出更严重的排斥性反应（Hao et al.，2016）。例如 Cheon 等（2016）的研究就发现，相比两种外文化的

混搭，当将外文化与内文化进行混搭时，会引发人们更强烈的厌恶反应。

2. 文化或国家的影响力及其力量对比

对于外文化和内文化的混搭，只有当人们感知到内文化可能受到外文化威胁时才会引发他们的排斥性反应（Chiu et al.，2011）。因此，当个体能够确信其内文化的影响力并未有所减弱时，就会削弱他们的文化威胁忧虑，进而降低他们对文化混搭的排斥性反应程度（Cheng，2010）。同样，当个体感知到他们国家的影响力正处于上升期时，那些具有较强国家认同的人将更不可能对外文化和内文化的混搭表现出排斥性反应（Jia et al.，2011）。

此外，混搭文化之间的力量对比也会起到一个调节作用。国际关系方面的研究指出，弱小者更易感知到来自强大者的威胁（Rousseau and Garcia-Retamero，2007）。同样的，文化混搭中的弱势文化也更易感知到来自强势文化的威胁。有研究就发现，东亚被试更可能对当地文化与美国文化的混搭表现出排斥性反应，这是因为，在长期以来的文化力量对比中，美国都是相对更为强势的一方。

3. 文化之间的相似性程度

人们对混搭的不同文化之间的感知差异性越大，就越可能产生排斥性反应。例如，Tong 等（2011）以品牌收购作为文化混搭情境的研究就发现，启动被试的类别化（VS 交易性）思维会通过扩大不同文化之间的感知差异性，而增强他们对收购的排斥性反应。而 Torelli 和 Ahluwalia（2012）与郭晓凌等（2019）则以品牌延伸作为文化混搭的研究情境，发现文化象征性品牌与延伸产品的文化背景越不一致，越可能引发消费者对品牌延伸产品的负面评价。He 和 Wang（2017）也得出了相似的研究结论，即当全球品牌与其运用的当地文化元素的文化象征意义越不兼容时，消费者将越不可能购买该品牌。

4. 文化符号的文化象征水平

在所属领域，文化混搭中的文化符号必须是所属文化的代表性或象征性符号（Peng and Xie，2016）。彭璐珞（2013）根据象征性水平从低到高依次将文化符号划分成物质性、象征性和神圣性三个领域，并指出物质性领域内的文化混搭最易被人们接纳，象征性领域内的文化混搭次之，而神圣性领域内的文化混搭最难被接受。Yang等（2016）通过直接测量文化符号的象征性水平也得出了相似的结论，即被试越将混搭的外文化和内文化符号感知为所属文化的象征性符号，他们越有可能对该文化混搭表现出负面反应。

（二）文化混搭的特征

关于不同文化的哪些混搭特征会调节消费者对文化混搭的排斥性反应，相关的研究还较为缺乏，目前仅从两个方面进行了一定的探讨：①文化混搭的方式及混搭程度；②文化混搭的营销传播方式。

1. 文化混搭的方式及混搭程度

混搭的不同文化符号之间的相互交叉、融合的程度会引发消费者对文化混搭的差异化态度（彭璐珞等，2017；刘英为等，2020）。具体来说，文化共现最易被接受，文化叠合次之，而文化融合最难被接受，尤其是对外文化与内文化的混搭而言（Yang et al.，2016；Cheon et al.，2016；Keersmaecker et al.，2016）。因为文化共现只是将不同文化符号并列呈现，但各自仍保持其完整性与独立性，相互之间并不存在实体交集；文化叠合中的不同文化符号虽然也保持着各自的完整性与独立性，但彼此之间存在交叉，甚至是完全叠合；而文化融合中的不同文化符号之间会相互作用，改变彼此的原貌，最终形成一个新的实体，因而更可能引发人们的文化威胁忧虑，从而导致更强的排斥性反应。

2. 文化混搭的营销传播方式

对于同一文化混搭现象，当采用不同的营销传播方式时，消费者对文化混搭的态度将产生明显的差异。例如，Yang 等（2016）的研究发现，相比强调麦当劳的消费者利益的广告，当在广告中强调麦当劳的文化象征意义时，消费者对麦当劳在长城开设分店将表现出更加负面的态度。Cui 等（2016）和聂春艳等（2018）则指出，当采用“外国文化—母国文化”的框架策略进行产品命名时，消费者将感知到更高程度的文化入侵，因而对文化混搭产品的评价将明显低于采用“母国文化—外国文化”的框架策略。而 Nie 和 Wang（2021）的研究进一步提出，即便采用的是同一种框架策略，当采用属性解释时，也会因为引发了更高的文化威胁忧虑，进而导致消费者对文化混搭产品的评价明显低于采用关系解释时。

（三）消费者的个体特征

纵观以往的研究，学者们主要从以下五个方面来探讨消费者的个体特征的调节作用，分别是文化认同、文化观念、认知性需求、死亡忧虑及个体价值观。

1. 文化认同

社会认同理论指出，个体通过社会分类产生内群体认同，进而产生内群体偏爱和外群体偏见（Tajfel，1982）。因此，对于外群体文化与内群体文化的混搭，高度内群体文化认同者会更加担心外群体文化威胁到内群体文化，因而会表现出更强烈的排斥性反应（Jia et al.，2011；Shi et al.，2016；Cheon et al.，2016）。但对于高外群体文化认同者来说，他们将较不可能对外群体文化与内群体文化的混搭表现出排斥性反应（Morris et al.，2011）。而随着经济全球化的发展，人们也拥有了发展多重认同的机会。相比单一文化认同者，具备多重文化认同的个体将更不可能对文化混搭表现出排斥性反应（Harush et al.，2016；Shi et al.，2016）。

2. 文化观念

本质主义信念（essentialist beliefs）认为，不同文化的价值观和规范存在着本质差异，彼此之间是不兼容的，因此，持有该信念的人就更可能对文化混搭表现出负面态度（Chao et al.，2015）。但作者并未对此进行实证检验，而 Cho 等（2017）通过实证检验发现，相比强调人类共性的文化色盲论和强调文化群体之间的差异性的多元文化论，当消费者持有的是强调文化群体之间的互动和混杂的文化会聚论时，他们将更可能接受文化混搭。

3. 认知性需求

认知闭合需求反映的是个体寻求确定答案，反对模糊和不确定性的一种倾向（Webster and Kruglanski，1994）。文化融合中的不同文化因为相互作用改变了彼此的原貌，其模糊性和不确定性明显会更高，因此，高认知闭合需求者会对其表现出明显更强烈的排斥性反应（Keersmaecker et al.，2016）。本质上来说，认知闭合需求反映的就是个体利用现成图式来组织认知的倾向，而认知需求反映的却是个体愿意付出认知努力的倾向（Cacioppo and Prtty，1982）。当曝光于二元文化面前时，高认知需求者往往更倾向于对混搭文化之间的异同进行深入加工，因此，他们将更不可能对文化混搭表现出排斥性反应（Torelli et al.，2011）。

4. 死亡忧虑

恐惧管理理论指出，当人们意识到死亡的必然性时就会对死亡产生恐惧，但文化可以缓解他们的这种死亡焦虑，这就会驱动个体去保护他们自身的文化（Greenberg et al.，1990）。以往的研究指出，当个体面临死亡威胁时，就会激发他们的文化防御心态（Rosenblatt et al., 1989; McGregor et al., 1998; Greenberg et al., 1995)。因此，当个体面临死亡威胁时，他们将更加担心内文化受到威胁，因而会对外文化与内文化的混搭表现出明显更强烈的排斥性反应（Torelli et al., 2011）。

5. 个体价值观

因为面临存在焦虑的个体会有更强的动机去保护他们自身的文化，所以他们就更有可能对外文化与内文化的混搭产生负面反应（Cui et al., 2016），而自我肯定有助于缓解个体的这种存在焦虑所带来的负面影响（Schmeichel and Martens, 2005）。Cheng（2010）的研究发现，在二元文化启动情境下，肯定被试的个人价值观能够降低他们对纽约儿童书籍出版商在北京建立地区总部，以推广西方民俗学的抗拒程度。

二、人们对文化混搭的融合性反应的调节因素

纵观现有的文化混搭研究，学者们主要从混搭文化的特征及消费者的个体特征这两个方面着手，探讨消费者对文化混搭的融合性反应的调节因素。

（一）混搭文化的特征

1. 是否涉及内文化

有研究指出，二元文化曝光会增强文化之间的感知不兼容性，进而引发个体的认知失调，从而导致不愉快的情绪体验，这转而会驱动个体更深入地去理解、调和与整合这些文化差异，进而提高他们的创造力，尤其是当文化混搭中涉及个体内文化时，这种效应将会更强（Cheng et al., 2011）。

2. 文化之间的相似性程度

Ward 等（1997）指出，多元知识系统的获取有助于激发个体创

意。因此，当混搭的不同文化之间存在明显差异，且个体采用差异性的思维模式来进行认知加工时，可以明显提升他们的创造性表现（Cheng and Leung，2012）。Peng 和 Xie（2016）也指出，差异性聚焦会通过增强个体的创意性感知，进而提高他们对文化混搭产品的积极评价。

（二）消费者的个体特征

1. 认知闭合需求

高认知闭合需求者倾向于采用现成的文化图式来组织认知，因此，他们更倾向于认知保守和遵照文化规范（Jost et al.，2003；Fu and Chiu，2007）。这就意味着，高认知闭合需求者会比较难打破惯性思维。Fu 等（2016）的研究指出，对于高认知闭合需求者来说，外文化和内文化的混搭对他们接受组织变革的促进作用会更弱，因为他们更坚守自身传统文化，所以更可能将外文化看作一种威胁。

2. 思维开放性

经验开放者更易接受新颖的想法和理念（Feist and Brady，2004），因此，也更可能以一种欣赏和接纳的眼光去面对外来文化的新颖实践；反之，思想保守者在面对陌生的外来文化的新颖观念和实践时，则更倾向于以一种审视和威胁的眼光去看待（Hong et al.，2007）。Chen 等（2016）的研究就发现，当文化威胁变得显著时，文化混搭能够更好地提升高经验开放者（VS 低经验开放者）的创造性表现。

3. 文化价值观

文化价值观指的是一系列隐性或显性共享的抽象观念，即关于一个社会中什么是好的、正确的和可取的（Schwartz，1999）。较之西方文化，中国文化更保守（Torelli et al.，2012）。Keh 等（2016）以品牌名称翻译作为文化混搭情境，研究发现，相比代表西方文化的语音翻译和代表中国文化的语义翻译，高度推崇二元文化且受过良好教育的中国年轻消费者会对代表中西文化混搭的音意混译做出更高的评价，尤其是那些具有更高自主价值观的人。

第八节　以往研究述评

综上所述，我们绘制出了如图 1-3 所示的文化混搭研究的全模型，包括前因变量、中介变量、结果变量和调节变量。

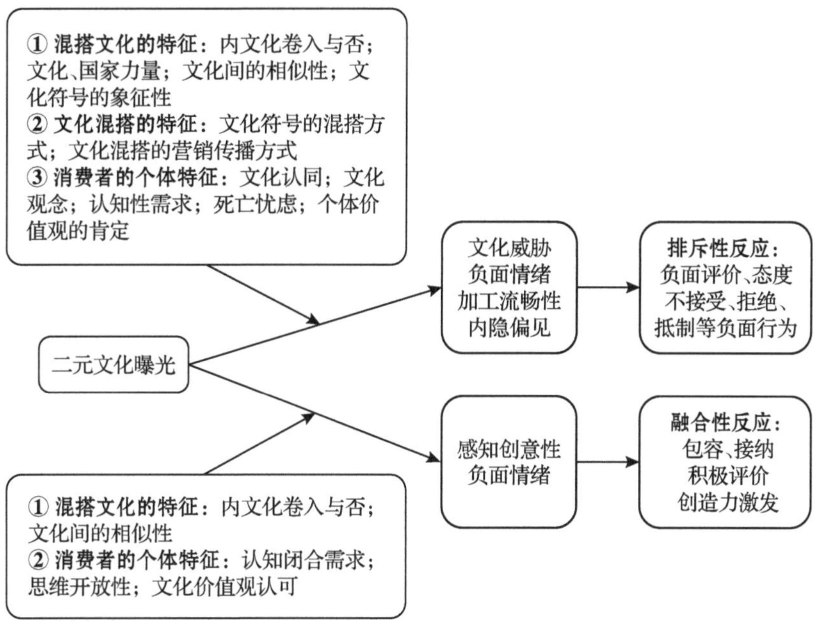

图 1-3　文化混搭研究的全模型框架图

我们对文化混搭领域的相关文献进行详细梳理与深入分析后发现，一是现有研究主要集中在社会心理学领域，营销领域的相关研究还相对较少；二是现有研究多数探讨的是消费者对文化混搭产生排斥性反应的心理机制及其调节变量，而对于融合性反应的相关研究则相对较少；三是现有研究的研究情境都是在正常情况下，还没有研究去探讨其他情境下的消费者文化混搭心理及行为。据此，我们提出了以下四个可供未来研究的方向。

一、消费者对文化混搭的融合性反应

众所周知，企业在产品设计或营销传播过程中进行文化混搭，主要是为了博得消费者对产品或品牌的好感或喜爱，但消费者对于不同的文化混搭现象常常会表现出褒贬不一的态度。纵观以往文化混搭相关研究可以发现，多数研究从文化威胁的视角去剖析消费者为什么会对文化混搭产生排斥性反应（Cheng，2010；Torelli et al.，2011；Yang et al.，2016），并分别从混搭文化的特征、文化混搭的特征及消费者的个体特征等入手去探讨可能存在哪些调节变量，相对来说，较少去深入探讨消费者对文化混搭产生融合性反应的内在心理机制及可能存在的调节变量。未来的研究可以更多地聚焦于剖析如何才能够增强消费者对文化混搭的融合性反应，更重要的是，探索企业如何做才能够提高消费者对文化混搭产品或营销设计的正面态度，并进一步挖掘出其背后的消费者反应机理。

二、文化混搭的特征对消费者态度的影响

纵观现有的文化混搭研究，学者们主要探讨了混搭文化的特征（如是否涉及内文化、文化象征性水平及文化之间的相似性等），以及消费者的个体特征（如观念、认知及动机等）对消费者态度的影响，却较少关注文化混搭的特征，尤其是不同的文化混搭方式对消费者态度的影响。改变两种或更多文化符号之间的物理位置和交互方式，其可以呈现出不同的文化混搭形式（Hao et al.，2016），而现

有研究仅探讨了不同文化符号之间是否有交叉，以及交叉程度对消费者态度的影响，也即两种文化符号的并列放置（并列呈现）、一种文化符号叠加于另一种文化符号之上（文化叠合），以及两种文化符号融合形成一种新的实体（文化融合）这三种不同的文化混搭形式对消费者态度的影响（Yang et al., 2016; Cheon et al., 2016），并没有去考虑混搭的不同文化符号之间的相对物理位置对消费者态度的影响。未来的研究应该综合考虑交叉与位置两个因素来进行文化混搭设计，以探索出更加多样化的文化混搭方式，并通过实证检验消费者是否，以及会对它们做出怎样的差异性反应。

三、文化混搭对本土象征性品牌的影响

在文献梳理的过程中可以明显发现，现有的文化混搭研究中使用的文化混搭刺激物主要有两大类：一类仅仅是两种不同文化符号的同时共现；另一类是应用了当地文化元素的全球品牌产品。因为全球品牌往往代表了其来源国的文化（He and Wang, 2017；郭晓凌等，2019），因此，应用了当地文化元素的全球品牌产品也是一种文化混搭产品。而以这样的全球品牌产品作为文化混搭刺激物的实证研究，探讨的都是全球品牌与当地文化的混搭会如何影响当地消费者对该全球品牌产品的评价，却很少有研究去探讨本土象征性品牌应用外国文化元素对消费者的品牌评价会产生怎样的影响。随着经济全球化的发展，一些本土象征性品牌为了更好地与国际接轨，也渐渐开始在产品或营销设计中应用外国文化元素。因为本土象征性品牌往往象征着本土的文化、价值观等（Alden et al., 1999），那它们主动与外国文化进行混搭是会让消费者觉得更有新意，还是觉得这是对品牌原有精神内核的玷污，这有待于未来研究的进一步探讨。

四、消费者对文化混搭产品犯错的反应

现有研究指出，当企业在产品或品牌设计过程中运用外国文化元素时，将使产品或品牌更具独特性和原创性，从而建立起差异化的品牌定位，使得消费者能够更好地将自己与其他竞争者区别开来，获得独特性利益（Swoboda et al., 2012；孟繁怡和傅慧芬，2016）；而运用东道国的文化元素则会引发消费者的熟悉感和认同感，进而增加他们的愉悦性感受，从而提高他们对产品或品牌的评价（Wu, 2011；何佳讯等，2014）。这也是很多全球品牌在产品或营销设计中进行文化混搭的原因所在，即希望能够借此更多地引发消费者对品牌的正面反应或态度。然而，很少有研究去探讨当品牌犯错时，这样的文化混搭操作是会成为品牌的保护伞还是会让品牌雪上加霜，尤其是涉及消费者的内群体文化的混搭会有何种影响。例如，当应用了当地文化元素的全球品牌犯错时，消费者会因为熟悉的当地文化对品牌网开一面，还是会因为连累自身文化而更加迁怒于品牌，这都有待于未来研究给出答案。

第二章　上下意象图式相关研究回顾

第一节　上下意象图式的概念定义

Lakoff 和 Johnson（1980）最早提出了意象图式（image schema）的概念，并将其定义为源于知觉、身体运动、物体操纵及力量经验的动态模拟结构。而 Gibbs 和 Colston（1995）指出，意象图式一般可定义为空间关系和空间运动的动态模拟表征。简单地说，意象图式就是为了将空间结构映射到概念结构而对知觉经验进行的一种扼要的重新描述（Oakley，2007）。从中可以看出，虽然表述上各有不同，但核心却是相同的，即意象图式来源于知觉和运动过程，但又并非这些感觉运动过程本身，而是对在这些感觉运动过程中动态地、反复出现的经验结构的抽象（Mandler and Cánovas，2014）。例如，我们在“将牛奶倒进玻璃杯”“从轿车里下来，然后走进餐馆”，以及“把课本装进背包”等日常体验中形成了“容器”（container）的意象图式。人类通过自身的身体构造、体验，以及与外界环境的互动形成了各种各样的意象图式，学者们将它们划分成八个主要类别，即“空间”（space），“包含”（containment），“运动”（locomotion），“平衡”（balance），“力量”（force），“一致性 / 多样性”（unity/multiplicity），“同一性”（dentity），以及“存在”（existence）（Evans，2006）。其中，每个主要类别下又包括数量不等的子类别，如“空间”意象图式就包括上下、前后、左右、远近，以及中心—边缘等意象图式。

第二节　上下意象图式与抽象概念的映射关系

具身认知理论（Embodied Cognition Theory）指出，个体的身体状态及感官体验会影响他们的认知、态度、情绪和社会判断（钟科等，2014）。对于那些不易理解的抽象概念（如权力），人们往往通过使用源于知觉运动经验的具体概念（如空间关系）来进行理解与表征（Lakoff and Johnson，1980；Landau et al.，2010）。因此，来源于知觉经验的意象图式对于抽象概念的表征至关重要。Lakoff 和 Johnson（1980）指出，人类从自身与外界环境的互动过程中最先感受到的关系便是空间关系。而因受到人体的身体构造及地球引力等因素的限制，人类对垂直空间关系（上下）的理解尤其深刻，这使得上下意象图式在抽象概念表征中显得极为重要（Schubert，2005；吴念阳等，2008）。现有研究指出，上下意象图式往往映射了地位、等级、道德、效价、能力，以及权力 / 力量等的高低。

现有研究指出，空间位置上往往意味着高社会地位、道德、积极效价及高能力，而空间位置下则意味着低社会地位、道德、消极效价及低能力。Gagnon 等（2011）的研究则指出，垂直空间位置与社会地位之间存在隐喻关联，更高的空间位置往往意味着高社会地位，而更低的空间位置则意味着低社会地位。而国内外的诸多研究皆已揭示出上下意象图式与道德高低存在着映射关系，研究发现，当道德词呈现在空间上方、不道德词呈现在空间下方时，个体的反应将更快（Meier，2007；Hill and Lapsley，2009；王锃和鲁忠义，2013；冯文婷等，2016）。上下意象图式往往还映射了效价的积极与消极。例如，Meier 和 Robinson（2004）及 Meier 等（2007）研究发现，当积极效价词置于高空间位置而消极效价词置于低空间位置时，个体将更快地对它们做出判断。国内学者对此也进行过探讨，结果也发现，当褒义词呈现在空间上方而贬义词呈现在空间下方时，个体的反应将更快（吴念阳等，2009；张积家等，2011）。上下意象图式对于情绪效价也存在这样的映射关系，即“快乐在上，悲伤在下”（Lakoff and Johnson，1980；Lynott and Coventry，2014；吕军梅和鲁忠义，2013）。此外，还有研究指出，空间位置的高低还与能力知觉有关，更高的空间位置意味着更高的能力，而更低的空间意味着更低的能力（Sun et al.，2011）。

第三节　上下意象图式与权力大小的映射关系

现有研究发现，空间位置上往往意味着高权力（powerful），而空间位置下则意味着低权力（powerless）。例如，Schubert（2005）就发现，对于群体权力的判断会受到群体所处的垂直空间位置的影响，当高权力群体（如老板、雇主）位于屏幕上方而低权力群体（如员工、雇员）位于屏幕下方时，被试将更容易找出高权力与低权力群体；而当强大的动物（如老虎、狮子）放在上方时会被感知为更强大，弱小的动物（如野兔、绵羊）放在下方时则会被感知为更弱小。陈思思等（2014）也指出，当将高权力词放在屏幕上方、低权力词放在屏幕下方时，被试的反应将更快。而Zanolie等（2012）与武向慈和王恩国（2014）通过脑电分析也发现，处于高权力启动情况下的被试对出现在屏幕上方的信息反应更快，而处于低权力启动情况下的被试则对出现在屏幕下方的信息反应更快。

除了心理学的研究之外，组织行为与消费者行为领域的研究也得出了相似的结论。例如，Giessner和Schubert（2007）通过让被试将领导者放在一张组织结构图中发现，领导者的权力越大，被试越倾向于将他们放在更上方的位置。类似的，Huang 等（2013）的研究则揭示出，当将品牌定位为顾客的“领导者”（leader）时，把品牌形象置于顾客形象之上（VS 并列放置）会使得消费者的评价更加积极。而 Van Rompay 等（2012）则发现，当产品包装采用向上（VS 向下）的摄影视角时会引发消费者产生产品更加强势（powerful）的感知。Sundar 和 Noseworthy（2014）的研究更为直接地验证了“上”意味着“强势”，“下”意味着“弱势”，他们通过将品牌 logo 放在上、下两个不同的位置发现，当强势品牌（如 Apple）的 logo 位于包装上方，而弱势品牌（如 Getaway）的 logo 位于包装下方时，消费者的购买意愿将会更强。

第三章　理论基础与研究假设

第一节　具身认知理论

与传统认知心理学把认知作为独立于身体的表征和认知加工过程不同，具身认知理论（Embodied Cognition Theory）认为，人类的认知是具身的，脱离具体身体的认知是不存在的（Lakoff and Johnson，1980；叶浩生，2011；魏华等，2018）。具体来说，具身认知理论认为，身体在人类的认知过程中起着至关重要的作用，身体既是我们认知世界的来源，也会影响我们对世界的认知过程（魏华等，2018）。首先，我们通过身体与世界的互动进而认识世界。例如，婴儿时期的我们就是不断通过身体与世界的互动进而形成了最初的认知。除了那些直接源于身体经验的具体概念，我们对抽象概念的学习与认知也离不开身体经验（Lakoff and Johnson，1999；郑皓元等，2017）。其次，我们的身体状态及体验也会影响我们的认知过程。既然认知来源于我们与世界互动的过程中的身体状态及身体体验，那它必然就会留有身体的痕迹，因而，一旦某种身体状态或身体体验被激活，那么与之相关的认知就很有可能被激活（叶浩生，2011；魏华等，2018）。

现有研究已经表明，个体的身体状态和感官体验会影响他们的认知、态度、情绪及社会判断（钟科等，2014）。例如，Wells 和 Petty（1980）的研究发现，相比进行摇头运动的人，那些进行点头运动的人更可能赞同一则消息。Zajonc 等（1982）则发现，当观看人脸时嚼口香糖会通过损害模拟进而干扰被试随后对那些人脸的记忆。而 Frank 和 Gilovich（1988）则观察到，相比那些穿更亮颜色制服的运动员，那些穿更深颜色制服的运动员将犯下更恶毒的行为。除了社会心理学中的研究，营销领域中的众多研究也反复验证了具身认知理论，尤其是感官营销方面的研究。现有研究已经指出，人们的触觉（质地、温度、重量、硬度）、嗅觉（气味）、味觉（酸、甜、苦、辣、咸）、听觉（音乐）、视觉（大小、形状、色彩、空间位置），以及运动知觉（一般运动、上下运动、趋近趋远、关闭动作等）等身体体验皆会显著影响他们随后的消费心理与行为（黄静等，2012；钟科等，2016；魏华等，2018）。

第二节　空间隐喻理论

在希腊文中，隐喻（metaphor）原指“转换”，即将某一事物的意义转移到另一事物之上（魏华等，2018）。Johnson（1987）指出，隐喻是指以一个经验领域的形态格局去理解并建构另一个截然不同的经验领域的思维方式。一般是将那些较为熟悉的、具体的，以及结构清晰的概念域里的范畴（如空间位置）映射到那些较不熟悉的、抽象的、不易理解的概念域里的范畴（如权力），以便理解后者，即以具体概念作为来源域（source domain），抽象概念作为目标域（target domain），形成映射关系（Lakoff and Johnson，1980；魏华等，2018）。概念隐喻理论（Conceptual Metaphor Theory）指出，由于抽象概念本身不易理解，便要借助于那些源于具体的感知觉经验的具体概念来进行理解与表征（Lakoff and Johnson，1980；陈思思等，2014）。Lakoff 和 Johnson（1980）将概念隐喻分成了三类，即空间方位隐喻（orientational metaphor）、实体隐喻（ontological metaphor）、结构隐喻（structural metaphor）。

空间方位感知是人类的一种最基本的能力，也是人在成长过程中较早获得的基本经验（Clark，1973）。空间方位隐喻是以说话人的身体经验为中心，在同一个概念系统内部，参照上下、前后、左右、内外、深浅、远近、中心—边缘等空间方位组合而成的一系列概念，将这些具体方位概念映射到社会地位、能力、情绪、身体状况、时间、道德等抽象概念上，便形成了空间方位隐喻（Lakoff and Johnson，1980）。空间方位隐喻属于意象图式隐喻（image schema metaphor），它将空间概念作为来源域映射到非空间概念的目标域，使得人们可以通过具体的空间概念来理解与表征抽象的非空间概念（Lakoff and Turner，1989；和秀梅等，2015）。例如，左右意象图式往往映射了时间上的过去与将来（Boroditsky et al.，2011；Chae and Hoegg，2013；Cian et al.，2014），以及情感效价上的消极与积极等（Wilson and Nisbett，1978；Casasanto and Chrysikou，2011）；而上下意象图式往往映射了权力或力量（Schuber，2005；Giessner and Schubert，2007；Sundar and Noseworthy，2014）、地位或尊敬（和秀梅等，2015）、道德（Meier et al.，2007；Hill and Lapsley，2009；冯文婷等，2016），以及情感效价（Meier and Robinson，2004；Lynott and Coventry，2014）等。

第三节 理论模型构建

基于具身认知理论和空间隐喻理论，在对以往相关研究进行系统梳理的基础上，我们提出了本研究的理论模型，如图 3-1 所示。其中，上下意象图式（“外国文化—母国文化”“母国文化—外国文化”的混搭方式）为自变量，感知文化威胁为中介变量，而消费者对文化混搭的态度则为因变量，另外还有三个调节变量，分别是消费者个体特征（支配性特质）、混搭文化特征（文化象征水平）和企业营销特征（心理表征干扰）。

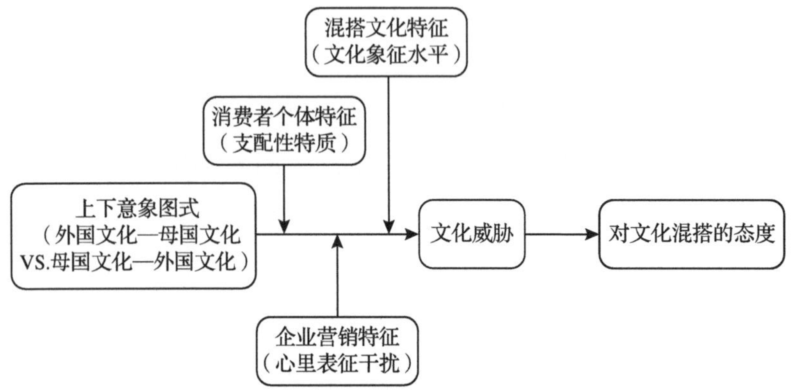

图 3–1　本研究的理论模型

我们推断，上下意象图式会影响消费者对文化混搭的态度，相对于采用“母国文化—外国文化”（母国文化在上，外国文化在下）的混搭方式，当采用“外国文化—母国文化”（外国文化在上，母国文化在下）的混搭方式时，消费者对文化混搭的评价会明显更负面，其中，感知文化威胁起着中介作用。然而，并非在所有情况下都会存在这样的上下意象图式效应，对于低支配性个体来说，该效应将不会存在，当混搭的文化符号的文化象征水平都很低时，该效应也不会存在，而当企业在营销传播过程中展现出与权力的心理表征（“上”隐喻“高权力”，“下”隐喻“低权力”）相反的物理表征时，该效应也将会消失。

第四节 研究假设推导

一、上下意象图式对消费者的文化混搭态度的影响

根据以往的众多研究可知，上下意象图式往往隐喻映射着权力或力量的大小（Schubert，2005；陈思思等，2014；Sundar and Noseworthy，2014）、道德的高低（Meier et al.，2007；王锃和鲁忠义，2013；冯文婷等，2016）、效价的积极与消极（Meier and Robinson，2004；Lynott and Coventry，2014；吕军梅和鲁忠义，2013）、理性与感性（Cian et al.，2015），以及辈分（李惠娟等，2014；和秀梅等，2015）、价格（Valenzuela and Raghubir，2009；Van Rompay et al.，2012）等级的高低等。而在某一特定时刻上下意象图式究竟映射的是哪一种抽象含义，这主要取决于抽象概念对于当前任务的相对可及性和适用性，这与基于上下文情境的意义解释的一般原则一致（Schwarz，2010；Krishna and Schwarz，2014）。现有的文化混搭研究指出，对于外国文化与母国文化的混搭，个体会担心外国文化可能威胁或侵蚀其母国文化（Chiu et al.，2011），此时，根据可及性与适用性原则，上下意象图式映射的应是权力（power）的大小。

而以往的研究发现，相对来说，高权力者较少从外部环境当中感知到威胁，而低权力者会更多地从外部环境之中感知到威胁。因为高权力者可以获得更多的物质资源，这使得他们感知到自身不受约束或限制，能够按照自身意志行动而不用害怕有严重的社会后果，与此相反，低权力者较少获得资源，他们必须应对更多的社会和物质威胁、处罚、从属及社会约束或限制（Keltner et al.，2003；

Overbeck et al., 2006)。研究表明，具有更低权力的人（Anderson et al., 2001）在模糊的社会情境中将会感知到更高的威胁（Schwartz et al., 1993），也会表现出对他人更高的不信任（Mirowsky and Ross, 1983），以及更高的犯罪担心（Riger et al., 1981）。而 Anderson 和 Berdahl（2002）通过让被试估算同伴对他们的威胁性情绪（生气、轻视与厌恶）来测量他们的感知社会威胁倾向，发现相对于高权力者，低权力者会对同伴对他们的威胁性情绪做出更高程度的估计，即低权力者明显具有更强的感知威胁的倾向。Keltner 等（2003）也指出，当个体具有高权力时，他们将更留心社会环境的有益方面，而当个体具有低权力时，他们将更留心社会环境的威胁方面。这意味着，对于同样的环境，低权力者会比高权力者感知到更高程度的威胁性。而 Schoel 等（2014）以社会排斥作为研究情境，也得出了类似的研究结论，即相比一个低空间位置，一个高空间位置将会削弱来自社会排斥的威胁，并且有助于防止攻击性的报复性行为。

文化混搭研究指出，当将外国文化符号与母国文化符号进行混搭时，母国文化的纯洁性与连续性就有可能受到外国文化的威胁，进而引发个体对文化混搭的排斥性反应（Li et al., 2013）。根据上述研究可知，若采用“外国文化—母国文化”的混搭方式，即外国文化符号在上而母国文化符号在下时，消费者将感知到外国文化更加强势，而母国文化更加弱势，此时，母国文化的纯洁性与连续性就更可能受到外国文化的威胁，从而增强他们的排斥性反应。与此相反，当采用“母国文化—外国文化”的混搭方式，即母国文化符号在上而外国文化符号在下时，母国文化处于相对强势的位置，而外国文化则处于相对弱势的位置，此时，母国文化的纯洁性与连续性就较不可能受到外国文化的威胁，进而会削弱他们的排斥性反应。

据此，我们提出假设 1。

假设 1：相对于“母国文化—外国文化”的混搭方式，当采用“外国文化—母国文化”的混搭方式时，消费者将更可能对文化混搭产生排斥性反应

二、感知文化威胁的中介作用

恐惧管理理论指出，文化可以缓和人类的存在主义焦虑，因此，保护文化纯洁性与连续性的需求是人类的一种本能，由人类的潜意识自卫系统所驱动（Cui et al., 2016; Nie and Wang, 2021）。当将外国文化与母国文化进行混搭时，个体可能会担心母国文化的完整性与生命力受到外国文化的威胁，进而对文化混搭产生排斥性反应（Li et al., 2013）。而根据进化理论和自我保护构念可知，人们是否将“他人”看作一种威胁主要受两个因素的驱动：一是“他人”是否对他们存有积极或消极的意图；二是“他人”能够有效达成他们的意图的能力（Fiske et al., 2007; Davvetas and Halkias, 2019）。当“他人”不仅存有一种消极的意图，而且具有达成他们的意图的能力时，人们将更可能将“他人”看作一种威胁，进而引发他们的排斥性反应（Cuddy et al., 2008; Davvetas and Halkias, 2019）。这意味着，当外国文化与母国文化进行混搭时，消费者对外国文化威胁母国文化的意图与能力的感知将影响他们对文化混搭的态度。

现有研究指出，空间位置上往往意味着高权力，而空间位置下则往往意味着低权力（Schuber, 2005; Zanolie et al., 2012; Sundar and Noseworthy, 2014）。而相关研究表明，高权力者较少从外部环境当中感知到威胁，低权力者会更多地从外部环境中感知到威胁（Keltner et al., 2003; Overbeck et al., 2006; Schoel et al., 2014）。这意味着，当采用“外国文化—母国文化”的混搭方式，即外国文化符号在上而母国文化符号在下时，消费者将感知到外国文化处于强势地位，而母国文化处于弱势地位，此时，会增强他们对外国文化威胁母国文化的意图与能力的感知，从而会削弱他们对文化混搭的正面态度。而当采用“母国文化—外国文化”的混搭方式，即母国文化符号在上而外国文化符号在下时，消费者将感知母国文化处于强势地位，而外国文化处于弱势地位，此时，会削弱他们对外国文化威胁母国文化的意图与能力的感知，从而会增强他们对文化混搭的正面态度。据此，我们提出假设 2。

假设 2：不同的文化混搭方式（“外国文化—母国文化” VS “母国文化—外国文化”）通过影响消费者感知文化威胁的程度，进而影响他们对文化混搭的态度

三、消费者个体特征（支配性特质）的调节作用

支配性特质（trait dominance）反映个体的一种控制和影响他们的生活环境的典型感觉，而不是被他人或事件控制与影响的感觉（Mehrabian，1996）。研究指出，个体表现出的支配（dominate）他人的倾向存在程度上的差异（Kalma et al.，1993）。相对于低支配性个体，高支配性个体更倾向于按照等级序列（dominance hierarchies）来架构他们的社会世界（Pratto et al.，1994），即具有一种按照垂直状态来概念化社会关系的倾向（Schwartz，1981；Fiske，1992）。因为概念的垂直模式对支配性个体是长期可及的（Higgins，1999；Wiggins，1996），因而他们也会倾向于按照这种垂直维度来进行感知。例如，Moeller 等（2008）的研究指出，相对于低支配性个体，高支配性个体对沿着空间垂直维度排列的空间目标的响应速度更快。Robinson 等（2008）也得出了相似的结论，即支配性个体对更高的空间目标的反应会更快，而服从性个体对更低的空间目标的反应会更快。而

Van Rompay 等（2012）的研究则发现，广告背景的垂直方向将引发产品更加奢侈且价格更高的预期，而这种效应在高社会支配性（VS 低社会支配性）个体之间更为显著。

从以上研究中我们可以看出，高支配性个体更倾向于按照垂直维度来进行感知与思考，这意味着，相对于低支配性个体，垂直空间隐喻对他们来说将更加可及。据此我们推断，对于高支配性个体来说，他们将更可能根据混搭的文化符号的相对上下位置来进行强弱势地位的判断，进而引发不同的文化威胁感知，最终导致他们对采用“外国文化—母国文化”混搭方式的文化混搭的评价要明显低于采用“母国文化—外国文化”混搭方式的文化混搭；然而，对于低支配性个体来说，因为他们不太倾向于按照垂直维度来进行感知与思考，因而就较不可能将上下意象图式与权力进行隐喻映射。这意味着，低支配性个体较不可能因为外国文化符号与母国文化符号所处的相对上下位置，而对外国文化与母国文化产生相对的强弱势地位的感知，进而导致他们对采用“外国文化—母国文化”混搭方式与“母国文化—外国文化”混搭方式的文化混搭的评价并无显著差异。据此，我们提出假设 3。

假设 3a：对于高支配性个体来说，当采用“外国文化—母国文化”的混搭方式时，他们对文化混搭的评价将明显低于采用“母国文化—外国文化”的混搭方式时

假设 3b：对于低支配性个体来说，他们对采用“外国文化—母国文化”混搭方式与“母国文化—外国文化”混搭方式的文化混搭的评价不会存在显著差异

四、混搭文化特征（文化象征水平）的调节作用

文化象征水平（cultural symbolism level）是指文化符号代表着

其来源文化的典型性水平（Chiu et al.，2011）。全球化的文化影响研究指出，人们对外来文化的情绪性反应可能取决于其文化象征水平（Morris et al.，2015），按照文化象征水平的高低可以将文化划分成不同的领域，而人们对不同领域的外来文化将产生明显不同的情绪性反应。例如，Lal（2000）将文化区分成两个领域：一是物质信念（material beliefs），该领域主要与实用性目的相关；二是宇宙哲学信念（cosmological beliefs），该领域主要与生命和关系的意义有关。相比宇宙哲学领域的外国理念（foreign ideas），人们更可能接受实用性领域的外国理念。Morris 等（2015）在总结与分析前人研究的基础上将文化划分成三个不同的领域：一是世俗性实践（secular practices），它具有实用性特征，如药物和交通等；二是文体性实践（stylistic practices），它表达的是个人或集体认同，如艺术或体育等；三是神圣性实践（scared practices），它涉及的是道德领域，如家庭、神性和民族或国家等。其中，世俗领域的文化流入会引起谨慎的接受，文体领域的文化流入会引发焦虑及反抗，而违反了神圣规范的文化流入则会引发愤怒和攻击。与此相似，彭璐珞（2013）也把文化划分成三个领域，其中，物质性领域（material domain）主要涉及的是日常生活中的一些物质性元素，其实用性功能远大于其所包含的文化意义；象征性领域（symbolic domain）一般涉及的则是同一文化群体成员所共享的某类文化象征或符号，其含义远远超过了其原本的实用性功能；而神圣性领域（scared domain）则关乎同一文化群体成员所共享的世界观、宇宙观、人生意义及终极价值等。人们对物质性领域内的文化混搭最容易接受，象征性领域次之，最难接受的是神圣性领域内的文化混搭。

从以上研究可以看出，对于文化象征意义较低的外国文化符号和母国文化符号的混搭，即物质性领域主要是以实用性为目的的文化符号的混搭，人们较不可能将其感知为一种文化威胁；然而，对于文化象征意义较高的外国文化符号和母国文化符号的混搭，即涉及价值观与规范等的文化符号的混搭，因为这些规范和价值观已经被神圣化，这使得在决策中它们不能因为其他目的而被交易（Atran and Ginges，2012），因而人们更可能将其感知为一种文化威胁。据此，我们推断，对于文化象征意义较高的外国文化符号与母国文化符号进行混搭，当采用“外国文化—母国文化”的混搭方式时，消费者将感知到更高程度的处于强势地位的外国文化对处于弱势地位的母国文化的威胁，进而导致他们对采用“外国文化—母国文化”混搭方式的文化混搭的评价将明显低于采用“母国文化—外国文化”混搭方式的文化混搭。然而，对于文化象征意义较低的外国文化符号与母国文化符号进行混搭，因为消费者较不可能将其感知为一种文化威胁，因此，他们对采用“外国文化—母国文化”混搭方式与“母国文化—外国文化”混搭方式的文化混搭的评价不会存在显著差异。据此，我们提出假设 4。

假设 4a：当混搭的外国文化符号与母国文化符号的文化象征意义高时，消费者对采用“外国文化—母国文化”混搭方式的文化混搭的评价将明显低于采用“母国文化—外国文化”混搭方式的文化混搭

假设 4b：当混搭的外国文化符号与母国文化符号的文化象征意义低时，消费者对采用“外国文化—母国文化”混搭方式与“母国文化—外国文化”混搭方式的文化混搭的评价不会存在显著差异

五、企业营销特征（心理表征干扰）的调节作用

具身认知领域的研究指出，个体通过知觉运动经验来对具体事物的概念进行表征，而对于那些不易理解的抽象概念，也需要借助

具体的知觉运动经验来进行理解和表征（武向慈和王恩国，2014）。人类被包围在权力被反复不断地与垂直空间位置进行关联的世界当中，久而久之，人类就在心理上用垂直差异的直接身体经验来表征权力大小（Schubert，2005）。而现有研究指出，当权力的心理表征被一种相反的物理表征（physical representation）扰乱时，上下意象图式对权力的映射关系便可能不再存在。例如，Sun 等（2011）的研究发现，更高的空间意味着更高的能力，但在能力评价时采用数值从大到小的纵向量表，即底端代表高能力而顶端代表低能力时将不存在前述效应。因为“上”代表低能力而“下”代表高能力的物理表征干扰了“上”代表高能力而“下”代表低能力的心理表征。Sundar 和 Noseworthy（2014）也得出了类似的结论，他们在研究中发现消费者更偏爱强势品牌的 logo 位于包装上方而弱势品牌的 logo 位于包装下方，但当消费者感觉自己弱小（powerless）时，他们将不会更偏爱强势品牌的 logo 放在包装上方，而当消费者感觉自己强大（powerful）时，他们也将不会更偏爱弱势品牌的 logo 放在包装下方。这是因为，当消费者的个体状态与隐喻连接相反时，将会妨碍其记忆中的隐喻连接的可及性，即会妨碍上下意象图式与权力大小的隐喻映射。

而以往的研究也指出，大小与权力之间也存在着隐喻映射关系。当高权力词用大号字体、低权力词用小号字体呈现时，被试能够更快速准确地做出反应（Schubert et al.，2009；杨蕙兰等，2015）。据此，本研究推断，当企业对混搭的文化符号的相对大小设计与其相对上下位置设计相匹配，即在上方的文化符号不小于在下方的文化符号时，上下意象图式对权力的映射关系将不会受到干扰，这将会导致消费者对采用“外国文化—母国文化”混搭方式的文化混搭的评价明显低于采用“母国文化—外国文化”混搭方式的文化混搭；

而与此相反，当混搭的文化符号的相对大小设计恰与其相对上下位置相矛盾，即在上方的文化符号明显小于在下方的文化符号时，上下意象图式对权力的映射关系就会受到干扰，即消费者将不太可能由文化符号的相对上下位置对它们做出相应的强弱势的判断，而这将会导致他们对采用两种不同混搭方式的文化混搭的评价不存在明显差异。据此，本研究提出假设 5。

假设 5a：当上方的文化符号明显小于下方的文化符号时，消费者对采用“外国文化—母国文化”混搭方式与“母国文化—外国文化”混搭方式的文化混搭的评价不存在显著差异

假设 5b：当上方的文化符号不小于下方的文化符号时，消费者对采用“外国文化—母国文化”混搭方式的文化混搭的评价将明显低于采用“母国文化—外国文化”混搭方式的文化混搭

第四章　上下意象图式影响消费者文化混搭态度的实证研究

第一节　上下意象图式对消费者的文化混搭态度的影响及其中间机制

一、实验1：文化共现情况

本实验的目的在于检验在文化共现的情况下，上下意象图式对消费者的文化混搭态度的影响。本书推断，当采用“外国文化—母国文化”混搭方式时，消费者对文化混搭的评价将明显低于采用“母国文化—外国文化”混搭方式。

（一）实验设计与被试

本研究在江西财经大学招募了73名本科生（$n_{男}$=35，$n_{女}$=38，平均年龄18.55岁）参与本次实验，并将他们随机分配在了2（上下意象图式：母国文化—外国文化 VS 外国文化—母国文化）的单因素组间设计中的其中一组。

（二）实验步骤与刺激物

邀请被试参加一项“大学生文化产品消费意向调查”，请他们认真阅读所提供的图片与文字，然后按要求回答之后的问题。具体来说，被试最开始会看到这样一段简要介绍，即“美国文化和旅游部近期拟在中国举办一次文化展览，以下是针对这次展览设计的一幅平面广告，请你认真观看这幅广告，并据此回答相关问题”。然后会提供一张关于这次文化展览的平面广告，广告中对美国文化符号与中国文化符号进行了混搭展示，请被试看完广告后回答之后的相关问题。

对于实验中用到的混搭文化符号，美国文化符号选择的是自由女神雕像，而相对应的中国文化符号选择的是孔子雕像。对于上下意象图式，将通过变换中国文化符号与美国文化符号的相对上下位置来进行操控。具体来说，在“母国文化—外国文化”混搭方式下，被试看到的文化展览平面广告是中国文化符号在垂直空间的上方，而美国文化符号在下方；而在“外国文化—母国文化”的混搭方式下则刚好相反，被试看到的文化展览平面广告中美国文化符号在垂直空间的上方，而中国文化符号在下方。其中，两种文化符号图片在色调、大小上保持相近或相同。

然后，让被试对这次的文化展览做出评价，采用的是 Shavitt 等（1994）提出的三项 9 点语义差异量表（好的—差的，受欢迎的—不受欢迎的，令人愉快的—令人不快的；从 –4 到 4）。为了捕捉被试感知到的母国文化可能受到外国文化威胁的程度，本研究采用了 Yang（2011）提出的两个题项的 7 点量表来进行测量，分别是“这样的文化展览将损害中国文化的发展”和“这样的文化展览是对中国文化的一种侵蚀”（1= 非常不同意，7= 非常同意）。而对文化象征性的操控检查，则采用了 Wan 等（2010）提出的四个题项的 7 点量表来测量文化符号象征某国文化的水平，如“孔子 / 自由女神涉及中国 / 美国文化”等（1= 非常不同意，7= 非常同意）。

因为先前的研究表明，消费者的文化认同会影响他们对文化混搭的评价（Shi et al.，2016）。为了排除这个可能的解释机制，本研究采用 Wan et al.（2007）提出的五个题项的 7 点量表对被试的文化认同进行了测量，其中，对于中国文化认同的测量包含了全部五个题项，而对于美国文化认同的测量则剔除了“身为一个美国人对我很重要”和“身为一个美国人让我感到很自豪”这两个题项，因为被试都是中国人。最后，研究还分别收集了被试的性别和年龄信息。

（三）实验结果分析

1. 信度分析

针对 73 份样本数据的信度分析发现，产品评价、感知文化威胁、中国文化象征水平、美国文化象征水平、中国文化认同和美国文化认同的 Cronbach α 系数分别是 0.96、0.90、0.81、0.87、0.95 和 0.80，都大于 0.7 的可接受标准，这说明在研究中所采用的这 6 个测量量表都具有较好的信度。

2. 操纵检验

操纵检验的结果表明，被试认为自由女神雕像显著象征着美国文化（$M_{自由女神} = 5.79$，SD = 0.81），而孔子雕像则明显象征着中国文化（$M_{孔子} = 6.14$，SD = 0.66）。在不同的文化混搭方式下，被试对自由女神作为美国文化象征的评价［$M_{外国文化-母国文化} = 5.88$，SD = 0.72，$M_{母国文化-外国文化} = 5.70$，SD = 0.88，$F(1,71) = 0.973$，$p = 0.327$］与孔子作为中国文化象征的评价［$M_{外国文化-母国文化} = 6.17$，SD = 0.62，$M_{母国文化-外国文化} = 6.10$，SD=0.71，$F(1, 71) = 0.215$，$p = 0.644$］之间并无显著差异。

3. 产品评价

为了检验上下意象图式对消费者的文化混搭态度的影响，本研究进行了一个单因素方差分析，最后的研究结果揭示出，上下意象图式对消费者的文化混搭态度存在一个显著的主效应［$F(1, 71) = 11.846$，$p < 0.01$］，具体见图 4-1。当采用“外国文化—母国文化”的混搭方式时，被试对文化混搭产品的评价将明显低于采用“母国文化—外国文化”混搭方式［$M_{外国文化-母国文化} = 4.76$，SD = 1.73 VS

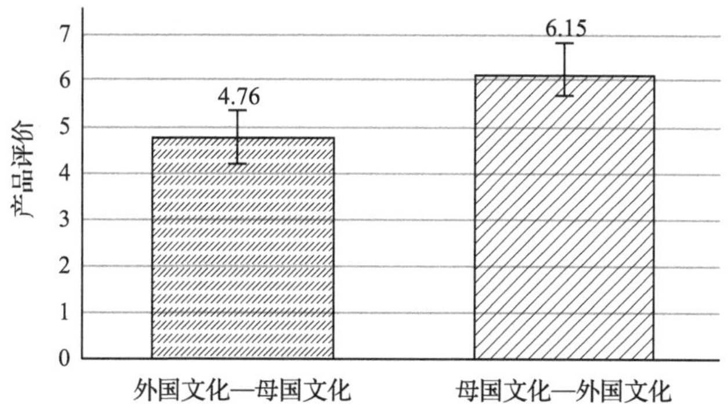

图 4-1　不同文化混搭方式下的产品评价（无交叉）

$M_{母国文化-外国文化}$ = 6.15，SD =1.73，t（71）= –3.442，$p < 0.01$，Cohen's d = –0.80］。因此，假设 1 得到了实验数据的验证。

4. 中介检验

为了验证感知文化威胁中介了上下意象图式对消费者的文化混搭态度的影响，本研究采用 PROCESS 213 工具进行了中介效应的检验，并将中国文化认同和美国文化认同作为协变量包含进模型当中，以剔除文化认同这一可能的替代解释。最后的分析结果揭示，上下意象图式对感知文化威胁存在一个显著影响（a = –1.07，SE = 0.33，t = –3.21，$p < 0.01$），而感知文化入侵也对文化混搭评价存在一个显著影响（b = –0.80，SE = 0.11，t = –7.03，$p < 0.001$）。在 95% 的置信区间下，直接效应的区间包括 0（CI =［–0.14，1.21］），但间接效应的区间不包括 0（CI =［0.36，1.52］），效应大小为 0.86。这意味着，感知文化威胁完全中介了上下意象图式对消费者的文化混搭态度的影响。因此，假设 2 得到实验数据支撑。

（四）研究小结

本研究发现，对于外国文化和母国文化的混搭，它们在物理空间上的相对上下位置会影响消费者对该文化混搭的评价。具体来说，文化符号的相对上下位置会引发消费者对文化的不同强弱势感知，进而影响他们感知到的文化威胁的程度，最终导致消费者对采用“外国文化—母国文化”混搭方式的产品的评价要明显低于采用“母国文化—外国文化”混搭方式的产品。而先前研究指出，消费者对文化符号之间是否存在交叉，以及交叉程度不同的文化混搭的态度存在明显差异（Hao et al.，2016），因此，接下来的研究将检验当文化符号之间存在实体交叉时，这种上下意象图式效应是否还存在。

二、实验 2：文化交叉情况

本实验与实验 1 的区别在于，混搭的外国文化符号与母国文化符号之间存在着实体交叉，目的在于检验当混搭的文化符号之间存在实体交叉时，上下意象图式对消费者的文化混搭态度的主效应是否还存在。

（一）实验设计与被试

本研究在江西财经大学招募了 84 名本科生（$n_{男}$=41，$n_{女}$=43，平均年龄 20.91 岁）参与本次实验，并将他们随机分配在了 2（上下意象图式：“母国文化—外国文化” VS “外国文化—母国文化”）的单因素组间设计中的其中一组。

（二）实验步骤与刺激物

同样邀请被试参加一项“大学生文化产品消费意向调查”，告诉他们美国文化和旅游部近期拟在中国故宫举办一场美国总统展，并附上一幅此次展览的文化混搭平面广告，广告当中混搭的中美文化符号分别选择了故宫和总统山，对于自变量上下意象图式的操控如实验 1，但区别在于本实验中的两种文化符号之间存在边缘交叉，之后的步骤同实验 1。

（三）实验结果分析

1. 信度分析

针对 84 份样本数据的信度分析发现，产品评价、感知文化威胁、中国文化象征水平、美国文化象征水平、中国文化认同和美国文化认同的 Cronbach α 系数分别是 0.95、0.88、0.89、0.91、0.94 和 0.89，都大于 0.7 的可接受标准，这说明研究中所采用的 6 个测量量表都具有较好的信度。

2. 操纵检验

操纵检验的结果表明，被试认为总统山显著象征着美国文化（$M_{总统山}$=5.43，SD=1.00），而故宫则明显象征着中国文化（$M_{故宫}$=6.12，SD = 0.91）。在不同的文化混搭方式下，被试对总统山作为美国文化象征的评价［$M_{外国文化-母国文化}$ = 5.46，SD = 0.93，$M_{母国文化-外国文化}$ = 5.39，SD = 1.07，F（1，82）= 0.106，p = 0.745］和故宫作为中国文化象征的评价［$M_{外国文化-母国文化}$ = 5.96，SD = 0.95，$M_{母国文化-外国文化}$ = 6.27，SD = 0.85，F（1，82）= 2.493，p = 0.118］之间并无显著差异。

3. 产品评价

单因素方差分析的结果揭示出，上下意象图式对消费者的文化混搭态度存在一个显著的主效应［F（1，82）= 8.594，$p < 0.01$］，具体见图 4-2。当采用“外国文化—母国文化”混搭方式时，被试对文化混搭产品的评价将明显低于采用“母国文化—外国文化”混搭方式［$M_{外国文化-母国文化}$ = 4.71，SD = 1.88 vs $M_{母国文化-外国文化}$ = 5.91，SD = 1.89，t（82）= −2.931，$p < 0.01$，Cohen's d = −0.64］。因此，假设 1 再次得到了实验验证。

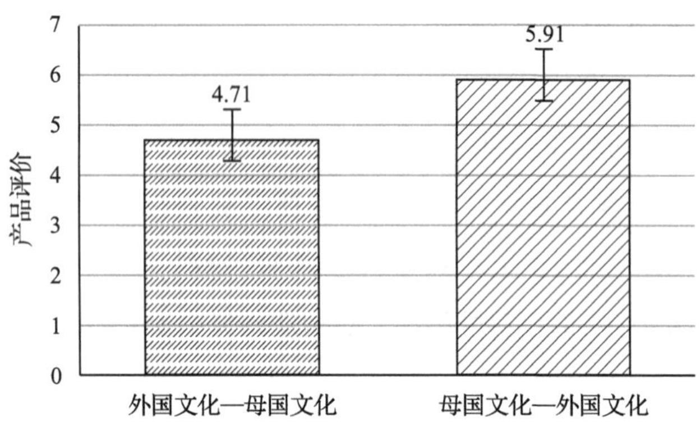

图 4-2　不同文化混搭方式下的产品评价（有交叉）

4. 中介检验

中介效应检验的结果揭示出，上下意象图式对感知文化威胁存在着一个显著影响（a = –0.86，SE = 0.33，t = –2.59，$p < 0.05$），而感知文化入侵也对文化混搭评价存在一个显著影响（b = –0.98，SE = 0.09，t = –10.54，$p < 0.001$）。在 95% 的置信区间下，直接效应的区间包括 0（CI =［–0.16，0.98］），但间接效应的区间不包括 0（CI =［0.24，1.57］），效应大小为 0.85。说明感知文化威胁完全中介了上下意象图式对消费者的文化混搭态度的影响，假设 2 再次得到了验证。

（四）研究小结

本研究发现，当混搭的外国文化符号与母国文化符号之间存在实体交叉时，上下意象图式的主效应依然存在。文化符号的相对上下位置之所以会引发差异化的评价，主要是因为空间位置的上下隐喻映射着权势的大小，而以往研究指出，当权势的心理表征被相反的物理表征扰乱时，上下意象图式对权势的映射关系便可能不再存在，那上下意象图式的主效应也可能消失。因此，接下来的研究将探讨心理表征干扰的调节作用。

三、实验 3：情绪的替代解释

本实验的目的在于检验上下意象图式对消费者的文化混搭态度的影响。本研究推断，当采用“外国文化—母国文化”混搭方式时，消费者对文化混搭的评价将明显低于采用“母国文化—外国文化”混搭方式，其中，感知文化威胁起着中介作用。

（一）实验设计与被试

本研究在中国中部某大学招募了 111 名本科生（$n_{男}$=50，$n_{女}$=61，平均年龄 20.56 岁）参与本次实验，并将他们随机分配在 2（上下意象图式：“母国文化—外国文化”VS“外国文化—母国文化”）的单因素组间设计中的其中一组。

（二）实验步骤与刺激物

邀请被试参加一项“大学生的产品态度调查”，首先他们会看到一段背景介绍，关于麦当劳即将在故宫开设一家新门店，然后会看到一幅关于故宫新门店开张的平面广告，广告中对麦当劳和故宫进行了混搭展示，请被试看完广告后回答相关问题。对于上下意象图式，通过变换两种文化符号的相对上下位置来进行操控。具体来说，在“母国文化—外国文化”混搭方式下，被试看到的平面广告是故宫在上麦当劳在下，而在“外国文化—母国文化”混搭方式下则刚好相反，即麦当劳在上而故宫在下。其中，两种文化符号图片在色调、大小上保持相近或相同。

之后，让被试对麦当劳在故宫开设新门店做出评价，采用的是 Shavitt 等（1994）提出的三个题项的 9 点语义差异量表（好的—差的，受欢迎的—不受欢迎的，令人愉快的—令人不快的；从 -4 到 4）（Cronbach’s α = 0.93）。而为了捕捉被试感知到的母国文化可能受到外国文化威胁的程度，将采用 Yang（2011）提出的两个题项的

7点量表来进行测量，如“麦当劳在故宫开设新门店会有损故宫文化”（1=非常不同意，7=非常同意）（Cronbach's α = 0.86）。而对文化象征性的操控检查，则采用了Wan等（2010）提出的四个题项的7点量表来测量故宫象征中国文化（Cronbach's α = 0.83）和麦当劳象征美国文化（Cronbach's α = 0.94）的水平，如故宫/麦当劳涉及中国/美国文化等（1=非常不同意，7=非常同意）。为了排除文化认同这个可能的解释机制，采用Wan等（2007）提出的五个题项的7点量表对被试的中国文化（Cronbach's α = 0.94）和美国文化认同（Cronbach's α = 0.80）进行了测量。最后，还分别收集了被试的性别和年龄信息。

（三）实验结果分析

1. 操纵检验

结果表明，被试认为麦当劳显著象征着美国文化（$M_{麦当劳} = 5.23$，SD=1.06），而故宫则明显象征着中国文化（$M_{故宫} = 6.45$，SD = 0.65）。在不同的文化混搭方式下，被试对麦当劳作为美国文化象征的评价（$M_{外国文化-母国文化} = 5.34$，SD = 1.05，$M_{母国文化-外国文化} = 5.13$，SD = 1.07，$F(1, 109) = 1.108$，$p = 0.295$）与故宫作为中国文化象征的评价［$M_{外国文化-母国文化} = 6.46$，SD = 0.58，$M_{母国文化-外国文化} = 6.44$，SD = 0.73，$F(1, 109) = 0.035$，$p = 0.851$］之间并无显著差异。

2. 产品评价

为了检验上下意象图式对消费者的文化混搭态度的影响，本研究进行了一个协方差分析，将中国和美国文化认同、性别和年龄作为协变量包含在模型当中。结果发现，上下意象图式对消费者的文化混搭态度存在一个显著的主效应［$F(1, 109) = 12.448$，$p = 0.001$］，具体见图4-3。当采用“外国文化—母国文化”混搭方式时，被试对文化混搭产品的评价将明显低于采用“母国文化—外国文化”混搭方式（$M_{外国文化-母国文化}$ = 4.26，SD = 1.87 VS $M_{母国文化-外国文化}$ = 5.65，SD = 1.98，t（109）= –3.087，p < 0.001，Cohen’s d = –0.72）。因此，假设 1 得到了实验数据的验证。

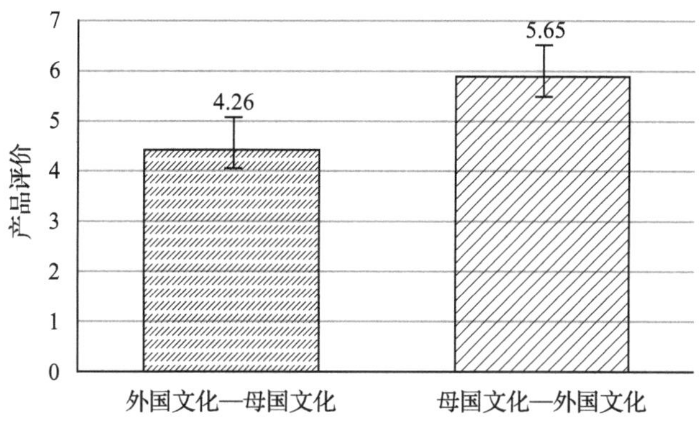

图 4–3　不同文化混搭方式下的产品评价

此外，结果还显示，中国文化认同［F（1,109）= 0.641，p = 0.425］、美国文化认同［F（1,109）= 0.116，p = 0.734］、性别［F（1,109）= 0.046，p = 0.830］和年龄［F（1,109）= 0.548，p = 0.461］对消费者的产品评价都不存在主效应。

3. 中介检验

为了验证感知文化威胁是否中介了上下意象图式对消费者的文化混搭态度的影响，本研究采用 PROCESS 213 工具进行了中介效应的检验，并将中美文化认同、性别和年龄都作为协变量包含在模型当中。结果发现，上下意象图式对感知文化威胁存在一个显著影响（a = –1.16，SE = 0.27，t = –4.23，p < 0.001），而感知文化入侵也对文化混搭评价存在一个显著影响（b = –0.79，SE = 0.14，t = –5.84，p < 0.001）。在 95% 的置信区间下，直接效应的区间包括 0（CI =［–0.19，1.44］），但间接效应的区间不包括 0（CI =［0.44，1.62］），效应大小为 0.92。这意味着，感知文化威胁完全中介了上

下意象图式对消费者的文化混搭态度的影响。因此，假设 2 得到实验数据支撑。

（四）研究小结

本研究发现，对于外国文化和母国文化的混搭，它们在物理空间上的相对上下位置会影响消费者对该文化混搭的评价。具体来说，文化符号的相对上下位置会引发消费者对文化的不同强弱势感知，进而影响他们感知到的文化威胁的程度，最终导致消费者对采用“外国文化—母国文化”混搭方式的产品的评价要明显低于采用“母国文化—外国文化”混搭方式的产品。本研究中采用的文化符号分别来自物质性领域（麦当劳）和象征性领域（故宫），而先前的研究指出，人们更可能接受来自物质性领域的文化符号进行混搭（Morris et al., 2015），因此，接下来的研究将检验当混搭的外国文化符号和母国文化符号都来自物质性领域时，这种上下意象图式效应是否还存在。

第二节　消费者支配性特质的调节效应

本实验的目的在于检验消费者的支配性特质对上下意象图式对消费者文化混搭态度的影响的调节作用。本研究推断，只有对于高支配性个体来说，当采用“外国文化—母国文化”的混搭方式时，他们对文化混搭的评价才会明显低于采用“母国文化—外国文化”混搭方式；而对于低支配性个体来说，他们对采用这两种混搭方式的文化混搭的评价不会存在显著差异。

一、实验设计与被试

本研究在中国中部某大学招募了 193 名本科生（$n_{男}$=86，$n_{女}$=

107，平均年龄 19.14 岁）参与本次实验。实验采用 2（上下意象图式："母国文化—外国文化" VS "外国文化—母国文化"）×2（支配性特质：高 VS 低）的双因素组间设计，其中，上下意象图式为二分类变量，而支配性特质为连续型变量。

二、实验步骤与刺激物

邀请被试参加一项"大学生文化产品消费意向调查"，首先他们会看到一段背景介绍，近期拟在故宫举办一次美国历届总统展，并附有一幅关于此次总统展的平面广告。广告中对故宫和总统山进行了混搭展示，并通过变换文化符号的相对上下位置来进行上下意象图式的实验操控。之后的实验步骤同实验 1，即测量被试对展览的评价（Cronbach's α = 0.98），以及感知文化威胁的程度（Cronbach's α = 0.95），然后采用 Van Rompay 等（2012）采用的八个题项的 7 点量表来测量被试的支配性特质，如"我在一群人面前讲话没问题"等（Cronbach's α = 0.95），并通过中位数（Mdn=4.50）分割成两组，一组支配性特质得分高；另一组支配性特质得分低。而后，测量故宫和总统山分别象征中国（Cronbach's α = 0.92）和美国文化（Cronbach's α = 0.95）的程度，以及被试对中国文化（Cronbach's α = 0.96）和美国文化（Cronbach's α = 0.85）的认同。最后，收集被试的性别和年龄信息。

（一）实验结果分析

1. 产品评价

为了检验消费者的支配性特质的调节作用，本研究进行了一个 2（上下意象图式）×2（支配性特质）的协方差分析，将中国和美国文化认同、性别及年龄作为协变量包含在进模型当中。最后的结果不仅揭示了上下意象图式的主效应［F（1，189）= 10.327，

$p < 0.01$］，也揭示出了上下意象图式和支配性特质之间的一个显著的交互效应［$F(1, 189) = 5.313$，$p < 0.05$］。

从图 4-4 中可以看出，当被试的支配性特质高时，他们对采用“外国文化—母国文化”混搭方式的文化混搭的评价将明显低于采用“母国文化—外国文化”混搭方式的文化混搭［$M_{外国文化-母国文化} = 4.38$，$SD = 2.19$ VS $M_{母国文化-外国文化} = 6.03$，$SD = 2.20$，$F(1, 91) = 13.088$，$p < 0.001$，Cohen's $d = -0.75$］；而当被试的支配性特质低时，他们对采用“外国文化—母国文化”和“母国文化—外国文化”混搭方式的文化混搭的评价之间不会存在明显差异［$M_{外国文化-母国文化} = 4.98$，$SD = 2.18$ VS $M_{母国文化-外国文化} = 5.35$，$SD = 2.13$，$F(1, 98) = 0.703$，$p = 0.404$］。因此，假设 3a 和 3b 都得到了实验验证。

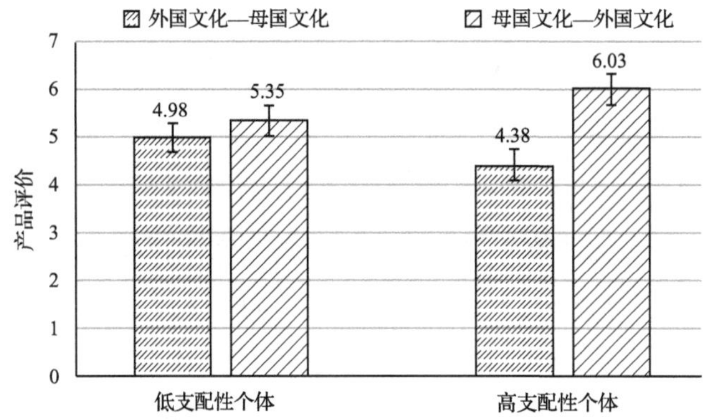

图 4-4　拥有不同支配性特质的个体的产品评价

此外，结果还表明，中国文化认同［$F(1,189) = 0.287$，$p = 0.592$］、美国文化认同［$F(1,189) = 1.987$，$p = 0.160$］、性别［$F(1,189) = 1.268$，$p = 0.262$］和年龄［$F(1,189) = 0.447$，$p = 0.504$］对消费者的产品评价都不存在主效应。

2. 调节中介检验

为了检验支配性特质对上下意象图式对消费者的文化混搭态度

的影响的调节效应是否受到了感知文化威胁的中介作用，研究采用 PROCESS 213 工具进行了一个调节中介效应检验，并将中国和美国文化认同、性别及年龄作为协变量包含在模型（model 8）当中。最后的结果揭示出，在 95% 的置信区间下，感知文化威胁的确中介了上下意象图式和支配性特质对消费者的文化混搭态度的交互影响，其调节中介效应大小为 1.48，区间不包括 0（CI =［0.71，2.41］）。其中，在支配性特质高的情况下，感知文化威胁的中介效应显著，其效应大小为 1.45，区间不包括 0（CI =［0.91，2.14］）。而在支配性特质低的情况下，感知文化威胁并不发挥中介作用，区间包括 0（CI =［–0.63，0.56］）。这再一次验证了假设 2。

（二）研究小结

本研究发现，只有对于高支配性个体来说，文化符号的相对上下位置才会影响他们对文化混搭的评价，而对于低支配性个体来说，这种上下意象图式效应将不复存在。因为只有对于高支配性个体来说，垂直空间隐喻才是可及的，即他们会用文化符号的相对上下位置来隐喻映射文化力量的大小，进而引发他们的文化威胁忧虑，从而导致他们对采用“外国文化—母国文化”混搭方式的文化混搭的评价明显低于采用“母国文化—外国文化”混搭方式的文化混搭。

第三节　文化符号的文化象征水平的调节效应

本实验的目的在于检验文化符号的象征水平对上下意象图式对消费者的文化混搭态度的影响的调节作用。本研究推断，当混搭的外国文化符号和母国文化符号的文化象征意义都低时，消费者对采用“外国文化—母国文化”和“母国文化—外国文化”混搭方式的产品的评价不会存在明显差异。

一、实验设计与被试

本研究在见数（Credamo）在线调研平台招募了263名被试（$n_{男}$=140，$n_{女}$=123，平均年龄31.16岁，SD=7.70）参与本次实验，并将他们随机分配在2（上下意象图式："母国文化—外国文化"VS"外国文化—母国文化"）×2（文化象征意义：高VS低）的双因素组间设计中的一组。

二、实验步骤与刺激物

邀请被试参加一项"文化产品消费意向调查"，首先他们会看到一段背景介绍，关于美国教育与文化事务局拟举办一场中美饮食/中美文化联合展览，然后会看到一幅关于此次展览的平面广告，请被试看完广告后回答相关问题。因为先前的研究指出，世俗领域（secular domain）内的文化符号主要与实用目的有关（如食物），而神圣领域（scared sphere）内的文化符号往往涉及某一文化群体成员所共享的道德观念与规范（Morris et al.，2015）。因此，对于本研究中文化象征意义低的中、美文化符号，我们分别选择的是饺子和汉堡包，而对于文化象征意义高的中、美文化符号，则选择的是孔子和自由女神。之后的实验步骤同实验1，即通过变换垂直空间的上下位置来进行上下意象图式的操控，然后测量被试对此次展览的评价（Cronbach's α = 0.93）和感知到的文化威胁程度（Cronbach's α = 0.86）。接下来，为了排除情绪的替代解释，我们测量了被试经历两种积极情绪（喜欢、赞赏）和两种消极情绪（憎恶、愤怒）的强烈程度（Yang，2011）。之后，测量汉堡包和自由女神象征美国文化的程度（Cronbach's α = 0.86），饺子和孔子象征中国文化的程度（Cronbach's α = 0.81），被试对文化展览的偏好（Cronbach's α = 0.80）以及对广告设计的评价（Cronbach's α = 0.92），最后收集被试的性别、年龄、学历和月收入信息。

（一）实验结果分析

1. 产品评价

为了检验文化符号的文化象征性水平的调节作用，本研究进行了一个 2（上下意象图式）×2（文化象征水平）的协方差分析，将文化展览偏好、广告设计评价、性别、年龄、学历和收入作为协变量包含在模型当中。最后的结果不仅揭示了上下意象图式的主效应［$F(1, 259) = 7.898$，$p < 0.01$］，也揭示了上下意象图式和文化象征水平之间的一个显著的交互效应［$F(1, 259) = 8.370$，$p < 0.01$］。

从图 4-5 中可以看出，当混搭的外国文化符号和母国文化符号的文化象征意义高时，他们对采用“外国文化—母国文化”混搭方式的文化混搭的评价将明显低于采用“母国文化—外国文化”混搭方式的文化混搭［$M_{外国文化-母国文化} = 4.63$，$SD = 1.73$ VS $M_{母国文化-外国文化} = 5.84$，$SD = 1.76$，$t(123) = -3.879$，$p < 0.001$，Cohen's $d = -0.69$］；而当文化象征意义低时，他们对采用

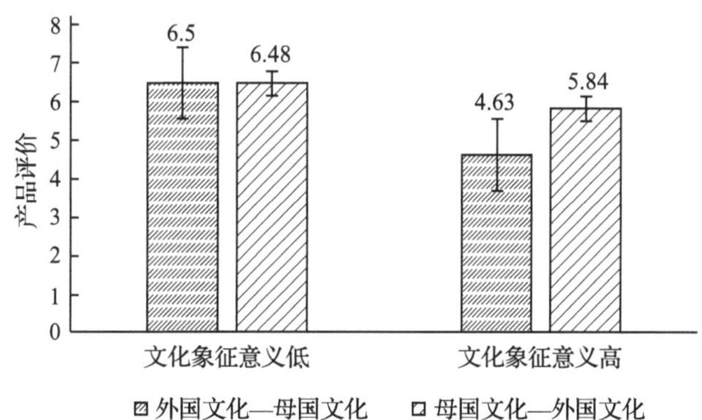

图 4-5　不同文化象征水平下的产品评价

“外国文化—母国文化”和“母国文化—外国文化”混搭方式的文化混搭的评价之间不会存在明显差异 [$M_{外国文化-母国文化} = 6.50$，SD = 1.59 VS $M_{母国文化-外国文化} = 6.48$，SD = 1.71，t（136）= 0.067，p = 0.947]。因此，假设 4a 和 4b 得到了实验验证。

此外，结果还表明，被试对文化展览的喜爱度 [F（1,259）= 0.046，p = 0.830]、性别 [F（1, 259）= 0.337，p = 0.562]、年龄 [F（1, 259）= 0.010，p = 0.921]、学历 [F（1, 259）= 0.014，p = 0.906] 和月收入 [F（1, 259）= 1.965，p = 0.162] 对消费者的产品评价都不存在主效应，但广告设计评价对消费者的产品评价存在一个主效应 [F（1, 259）= 79.813，p ＜ 0.001]。

2. 调节中介检验

为了检验文化符号的文化象征水平对上下意象图式对消费者的文化混搭态度的影响的调节效应是否受到了感知文化威胁的中介作用，本研究采用 PROCESS 213 工具进行了一个调节中介效应检验，并将文化展览偏好、广告设计评价、性别、年龄、学历和月收入作为协变量包含在模型（model 8）当中。最后的结果揭示出，在 95% 的置信区间下，感知文化威胁的确中介了上下意象图式和文化符号的象征性水平对消费者的文化混搭态度的交互影响，其调节中介效应大小为 0.75，区间不包括 0（CI= [0.33，1.25]）。其中，当混搭的外国文化符号和母国文化符号的文化象征意义高时，感知文化威胁的中介效应显著，其效应大小为 0.68，区间不包括 0（CI = [0.36，1.06]）。而当混搭的外国文化符号和母国文化符号的文化象征意义低时，感知文化威胁并不发挥中介作用，区间包括 0（CI = [-0.40，0.22]）。

为了排除积极情绪和消极情绪的替代解释，我们将两者同时作为中介变量放进 model 8 进行分析，结果表明，积极情绪的中介效应不显著，区间包括 0（CI=[-0.07，0.60]），消极情绪的中介作用也不显著，区间包括 0（CI=[-0.14，0.56]）。

（二）研究小结

本研究发现，当混搭的文化符号的文化象征意义都较低时，前述上下意象图式效应将不再存在。也就是说，当混搭的文化符号都来自以实用性为目的的物质性领域时，文化符号在垂直空间的相对上下位置将不会影响消费者对该文化混搭的态度。而先前的研究指出，个体的支配性特质会影响垂直空间隐喻对于他们的可及性（Van Rompay，2012），因此，接下来的研究将检验消费者的支配性特质的调节效应。

第四节　文化符号的相对大小的调节效应

本实验的目的在于检验文化符号的相对大小对上下意象图式影响消费者文化混搭态度的调节效应，本研究推断，当上方的文化符号明显小于下方的文化符号时，消费者对采用“外国文化—母国文化”与“母国文化—外国文化”混搭方式的文化混搭的评价将不会存在显著差异；而当上方的文化符号明显大于下方的文化符号时，消费者对采用“外国文化—母国文化”混搭方式的文化混搭的评价将明显低于采用“母国文化—外国文化”混搭方式的文化混搭。

一、实验设计与被试

本研究在江西财经大学招募了 162 名本科生（$n_{男}$=80，$n_{女}$=82，平均年龄 19.25 岁）参与本次实验，并将他们随机分配在 2（上下意象图式：“母国文化—外国文化”VS “外国文化—母国文化”）×2

（文化符号的相对大小：上大下小 VS 上小下大）的组间设计中的 4 个实验组当中。

二、实验步骤与刺激物

邀请被试参加一项“大学生文化产品消费意向调查”，让他们对一幅文化混搭的展览广告做出评价。对于实验中用到的混搭文化符号，美国文化符号依然选择的是自由女神，而中国文化符号则选择的是龙。对于自变量上下意象图式的操控如同实验 1，而对调节变量文化符号的相对大小的操控，在上大下小时，处于上方的文化符号的大小（长宽比）要比处于下方的文化符号大一倍，而在上小下大时则正好相反，即处于上方的文化符号的大小要比处于下方的文化符号小一半。

之后的步骤同实验 1，即让被试对这次的文化展览做出评价，然后测量他们感知到的中国文化可能受到美国文化威胁的程度（自由女神象征着美国文化的程度，龙象征着中国文化的程度），对于中国文化的认同程度，以及对于美国文化的认同程度，最后再收集被试的人口统计信息（性别和年龄）。

三、实验结果分析

（一）信度分析

针对 162 份样本数据的信度分析发现，产品评价、感知文化威胁、中国文化象征水平、美国文化象征水平、中国文化认同和美国文化认同的 Cronbach α 系数分别是 0.96、0.91、0.86、0.89、0.91 和 0.82，都大于 0.7 的可接受标准，这说明研究中所采用的这 6 个测量量表都具有较好的信度。

（二）产品评价

为了检验文化符号的相对大小的调节作用，研究进行了一个2（上下意象图式）×2（文化符号的相对大小）的双因素方差分析，最后的分析结果不仅揭示出上下意象图式的主效应［$F(1, 158) = 11.012$，$p < 0.01$］，也揭示出上下意象图式和文化符号的相对大小之间的一个显著的交互效应［$F(1, 158) = 9.640$，$p < 0.01$］。

从图4-6中可以看出，当处于上方的文化符号明显大于处于下方的文化符号时，被试对采用“外国文化—母国文化”混搭方式的文化混搭的评价将明显低于采用“母国文化—外国文化”混搭方式的文化混搭［$M_{外国文化-母国文化} = 4.19$，$SD = 2.08$ VS $M_{母国文化-外国文化} = 6.05$，$SD = 2.01$，$t(80) = -4.116$，$p < 0.001$，Cohen's $d = -0.92$］；而当处于上方的文化符号明显小于处于下方的文化符号时，被试对采用“外国文化—母国文化”和“母国文化—外国文化”混搭方式的文化混搭的评价不会存在明显差异［$M_{外国文化-母国文化} = 4.57$，$SD = 1.99$ VS $M_{母国文化-外国文化} = 4.60$，$SD = 2.02$，$t(78) = -0.072$，$p = 0.943$］。因此，假设5a、5b都得到了实验数据的验证。

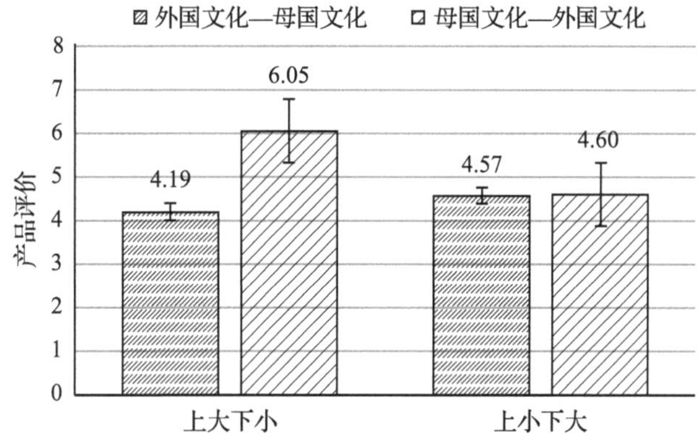

图4-6　文化符号的相对大小不同时的产品评价

（三）调节中介检验

为了检验文化符号的相对大小对上下意象图式对消费者的文化混搭态度影响的调节效应是否受到了感知文化威胁的中介作用，本研究采用 PROCESS 213 工具进行了一个调节中介效应的检验。最后的分析结果揭示出，在 95% 的置信区间下，感知文化威胁的确中介了上下意象图式和文化符号的相对大小对消费者的文化混搭态度的交互影响，其调节中介效应大小为 –0.83，区间不包括 0（CI =［–1.70，–0.10］）。其中，当处于上方的文化符号明显大于处于下方的文化符号时，感知文化威胁的中介效应显著，其效应大小为 0.99，区间不包括 0（CI =［0.48，1.59］）。而当处于上方的文化符号明显小于处于下方的文化符号时，感知文化威胁并不发挥中介作用，区间包括 0（CI =［–0.38，0.68］）。这再一次验证了假设 2。

四、研究小结

本研究发现，当处于上方的文化符号明显小于处于下方的文化符号时，上下意象图式的主效应将不复存在，即文化符号的相对上下位置不会对消费者的文化混搭评价产生差异化的影响。因为符号的大小也隐喻映射着权势的大小，这就会干扰空间位置的上下与权势大小之间的心理表征关系，进而导致研究的主效应消失。只有当处于上方的文化符号不明显小于处于下方的文化符号时，消费者对采用“外国文化—母国文化”混搭方式的文化混搭的评价才会明显低于采用“母国文化—外国文化”混搭方式的文化混搭。

第五节　上下意象图式效应的跨文化检验

本实验的目的在于在非东亚情境下验证研究的主效应及其中间作用机制，以增强最后得出的研究结论的普适性。尽管上下意象图式与权力的映射关系在跨文化及跨情境当中皆得到验证存在（Fiske，1992、2004；Sundar and Noseworthy，2014），然而，有研究指出，相比个体主义文化，集体主义文化中的个体具有更高的长期文化威胁忧虑（Cheng，2010）。这意味着，混搭的外国文化符号与母国文化符号的相对上下位置可能会引发拥有不同文化背景的被试不同程度的文化威胁感知，进而影响他们最终对文化混搭的态度。

一、实验设计与被试

本研究通过问卷星在线调研平台招募了100名美国人（$n_{男}$=51，$n_{女}$=49，平均年龄36.28岁）参与本次实验，并将他们随机分配在2（上下意象图式："母国文化—外国文化" VS "外国文化—母国文化"）的单因素组间设计的其中一组。

二、实验步骤与刺激物

邀请被试参加一项"文化产品消费意向调查"，让他们对一幅文化混搭的展览广告做出评价。对于实验中用到的混搭文化符号，美国文化符号依然选择的是自由女神，而中国文化符号则选择的是龙。对于自变量上下意象图式的操控同实验1，之后的步骤也同实验1，即让被试对这次的文化展览做出评价，然后测量他们感知到的中国文化可能受到美国文化威胁的程度（自由女神象征着美国文化的程度，龙象征着中国文化的程度），对于中国文化的认同程度，以及对于美国文化的认同程度，最后再收集被试的人口统计信息，即性别、年龄和学历。

三、实验结果分析

（一）信度分析

针对100份样本数据的信度分析发现，产品评价、感知文化威胁、中国文化象征水平、美国文化象征水平、中国文化认同和美国文化认同的 Cronbach α 系数分别是0.86、0.84、0.84、0.73、0.71和0.93，都大于0.7的可接受标准，这说明在研究中所采用的这6个测量量表都具有较好的信度。

（二）操纵检验

操纵检验的结果表明，被试认为自由女神显著象征着美国文化（$M_{自由女神} = 5.90$，$SD = 0.66$），而龙则明显象征着中国文化（$M_{龙} = 5.85$，$SD = 0.67$）。在不同的文化混搭方式下，被试对自由女神作为美国文化象征的评价［$M_{外国文化-母国文化} = 5.94$，$SD = 0.66$，$M_{母国文化-外国文化} = 5.86$，$SD = 0.66$，$F(1, 98) = 0.413$，$p = 0.522$］与龙作为中国文化象征的评价之间［$M_{外国文化-母国文化} = 5.85$，$SD = 0.69$，$M_{母国文化-外国文化} = 5.85$，$SD = 0.65$，$F(1, 98) = 0.000$，$p = 1.000$］并无显著差异。

（三）产品评价

为了检验上下意象图式对消费者的文化混搭态度的影响，本研究进行了一个协方差分析，将中国和美国文化认同、性别、年龄和学历作为协变量包含在模型当中。最后的分析结果表明，上下意象图式对消费者的文化混搭态度并不存在主效应［$F(1,98) = 1.483$，$p = 0.226$］。具体来说，被试对采用“外国文化—母国文化”和

“母国文化—外国文化”混搭方式的文化混搭的评价并不存在明显差异［$M_{外国文化-母国文化} = 7.95$，$SD = 0.95$ VS $M_{母国文化-外国文化} = 7.79$，$SD = 0.77$］。

此外，结果还表明，被试的中国文化认同［$F(1, 98) = 0.356$，$p = 0.552$］、性别［$F(1, 98) = 0.004$，$p = 0.947$］、年龄［$F(1, 98) = 2.129$，$p = 0.148$］和学历［$F(1, 98) = 1.256$，$p = 0.265$］对他们的文化混搭态度都不存在主效应，但被试的美国文化认同对他们的文化混搭态度存在一个显著的主效应［$F(1, 98) = 15.959$，$p < 0.001$］。

四、研究小结

本研究发现，上下意象图式对消费者的文化混搭态度的影响效应存在跨文化差异，在美国样本中并不存在，即他们对采用“外国文化—母国文化”和“母国文化—外国文化”混搭方式的文化混搭的评价并无明显差异。原因可能如前人研究中提到的，美国长期作为文化输出国，这使得美国人会有更低的文化威胁忧虑（Cheng，2010）。

附　录　实证研究中的问卷示例

——大学生的产品态度调查

我们是中国高校的市场研究人员，现正在做一项关于大学生产品态度的调查。请认真阅读以下所有的图片与文字，然后按要求回答之后的问题。

此次调查涉及的所有数据都会严格保密，只用于学术研究分析，请放心填写，非常感谢你的配合！

近日，麦当劳对外宣布即将在故宫开设一家新门店，以下是为故宫新门店开张设计的一幅平面广告（A/B），请你认真观看这幅广告，并据此回答相关问题。

A

B

1. 看完以上宣传广告后，请你对麦当劳在故宫开设的新门店做出评价。

好的	4	3	2	1	0	−1	−2	−3	−4	差的
受欢迎的	4	3	2	1	0	−1	−2	−3	−4	不受欢迎
令人愉快的	4	3	2	1	0	−1	−2	−3	−4	令人不快的

2. 看完以上宣传广告后，对经历以下情绪的强烈程度做出选择。

题项	一点也不强烈	不太强烈	没感觉	有点强烈	非常强烈
喜欢	1	2	3	4	5

续表

题项	一点也不强烈	不太强烈	没感觉	有点强烈	非常强烈
赞赏	1	2	3	4	5
憎恶	1	2	3	4	5
愤怒	1	2	3	4	5

3. 请你对以下陈述的同意或不同意程度做出选择。

题项	非常不同意	不同意	有点不同意	中立	有点同意	同意	非常同意
（1）麦当劳在故宫开设新门店的行为会有损故宫文化	1	2	3	4	5	6	7
（2）麦当劳在故宫开设新门店的行为是对中国文化的一种侵蚀	1	2	3	4	5	6	7

4. 请你对以下陈述的同意或不同意程度做出选择。

题项	非常不同意	不同意	有点不同意	中立	有点同意	同意	非常同意
（1）故宫涉及中国文化	1	2	3	4	5	6	7
（2）故宫是中国文化的一个符号	1	2	3	4	5	6	7
（3）故宫体现了中国的价值观	1	2	3	4	5	6	7

续表

题 项	非常不同意	不同意	有点不同意	中立	有点同意	同意	非常同意
（4）故宫是中国文化的一个象征	1	2	3	4	5	6	7
（5）麦当劳涉及美国文化	1	2	3	4	5	6	7
（6）麦当劳是美国文化的一个符号	1	2	3	4	5	6	7
（7）麦当劳体现了美国的价值观	1	2	3	4	5	6	7
（8）麦当劳是美国文化的一个象征	1	2	3	4	5	6	7

5. 请你对以下陈述的同意或不同意程度做出选择。

题 项	非常不同意	不同意	有点不同意	中立	有点同意	同意	非常同意
（1）身为中国人对我很重要	1	2	3	4	5	6	7
（2）我认同中国文化	1	2	3	4	5	6	7
（3）身为中国人让我很自豪	1	2	3	4	5	6	7
（4）我属于中国文化	1	2	3	4	5	6	7

续表

题项	非常不同意	不同意	有点不同意	中立	有点同意	同意	非常同意
（5）我喜欢中国文化	1	2	3	4	5	6	7
（6）我认同美国文化	1	2	3	4	5	6	7
（7）我喜欢美国文化	1	2	3	4	5	6	7

6. 请如实填写你的基本信息。

（1）你的性别（请在相应的选项前打√）：□男性　　□女性

（2）你的年龄：________岁

第五章　文化混搭犯错影响消费者宽恕意愿的实证研究

第一节　研究问题

全球品牌往往代表了其来源国的文化（He and Wang，2017；郭晓凌等，2019），因此，当全球品牌在产品或营销设计当中应用当地文化元素时，它们也是一种文化混搭现象。研究指出，全球品牌在产品或营销设计中运用外国文化元素可使产品或品牌更具独特性和原创性，从而建立起差异化的品牌定位，使得消费者能够更好地将自己与他人区别开来，获得独特性利益（Swoboda et al.，2012；孟繁怡和傅慧芬，2016）；而运用当地文化元素则能够引发消费者的熟悉感和认同感，进而增强他们的愉悦性感受，从而提高其对产品或品牌的评价（Wu，2011；何佳讯等，2014）。这也是越来越多的全球品牌开始在产品或营销设计中进行文化混搭的原因所在，他们希望能够借此引发消费者对品牌的正面反应或态度。

纵观现有关于文化混搭和全球品牌的研究，探讨的几乎都是全球品牌应该如何运用当地文化元素来达到更好的效果（何佳讯等，2014；He and Wang，2017），却没有研究过当这些文化混搭品牌犯错时，当地文化元素的应用会成为品牌的保护伞，让消费者因为熟悉的自身文化而对品牌网开一面，觉得品牌“情有可原”，进而更容易原谅，还是会因为连累了消费者的自身文化而成为品牌的过错之一，进而让消费者更加迁怒于品牌，认为品牌是“罪加一等”，从而更加难以原谅。对此，现有研究并未给出很好的回答。

纵观现有的文化混搭研究，学者们主要探讨了一般情况下消费者对文化混搭的反应（Chiu et al.，2011），以及哪些因素会调节消费者对文化混搭的态度（Hao et al.，2016；彭璐珞等，2017），却没有研究过当文化混搭品牌犯错时消费者会做何反应，尤其是当文化混搭中涉及内群体文化时，消费者是更易原谅品牌的过错，还是会更加难以释怀？因此，本研究拟以解释水平理论为基础，探讨文化混搭品牌犯错对消费者的文化混搭品牌评价的影响。具体来说，本研究探讨了当全球品牌的文化混搭产品犯错时，消费者将会做何反应，其中的心理机制是怎样的，又可能存在哪些调节变量。

第二节　理论基础与研究假设

一、全球品牌与文化混搭

全球品牌指的是那些在国际市场上广泛可得并且在世界范围内享有高认知度的品牌（Nie and Wang，2021）。在全球品牌化的过程中，全球品牌面临的一个关键问题就是全球化、当地化和全球当地化的战略选择（Douglas and Craig，2011；Nie and Wang，2021）。以往研究已经表明，感知品牌全球性有助于提高品牌声誉和品牌质量感知，而品牌本土象征价值则有利于品牌声誉的提升（Steenkamp et al.，2003）。因此，在全球扩张的过程中，全球品牌不仅要努力维持一种全球性感知，还应当考虑它的本土象征性，以适应当地口味（Özsomer，2012；何佳讯等，2014）。这种全球当地化战略的一个典型例子就是全球品牌在它们的产品或营销设计当中运用当地文化元素（He and Wang，2017）。例如，许多全球品牌在进入中国市场后会在它们的产品设计、包装或促销活动当中运用中国文化元素，以获得中国消费者的青睐。

像其他符号一样，一个消费品牌或产品也能够成为一种文化符号或一种文化意义的载体（Torelli et al., 2011）。标志性品牌和产品往往承载着文化意义，与文化的价值观、需要和愿望有着强烈的联系（Torelli et al., 2010）。因此，当一种文化符号曝光于这些品牌或产品面前时，可能会自发地唤起其相应的文化意义（Torelli et al., 2011）。全球品牌作为其来源国的标志性品牌，往往代表了其来源国的文化（Chiu et al., 2009; Torelli et al., 2011; He and Wang, 2017）。因此，当全球品牌在国际化过程中运用当地文化元素时，就会导致两种不同的文化在同一时空并存，这也是一种文化混搭现象（Nie and Wang, 2021）。纵观以往的文化混搭研究，主要探讨的就是这样的文化混搭能够给企业带来什么益处（Chiu et al., 2011），以及企业应该如何做才能提高消费者的正面反应（彭璐珞等，2017），却没有研究当这样的文化混搭品牌犯错时，消费者将会做何反应。而关于品牌国际化的研究，主要探讨的也是全球品牌运用当地文化元素有何益处（Wu, 2011; 孟繁怡和傅慧芬，2016; 王晓珍等，2017），以及全球品牌应该如何恰当地运用当地文化元素来获得更好的效果（何佳讯等，2014; He and Wang, 2017），也没有研究当这样的全球品牌犯错时，当地文化元素的运用是会缓解还是会加剧消费者的负面反应。

二、品牌犯错与文化混搭品牌犯错

品牌犯错指的是企业在发展过程中，由于品牌自身的失职、失误或错漏，以致给消费者带来时间、物质和精神等层面的损失，从而引发了消费者对品牌的负面评价（徐岚等，2018）。现有的品牌犯错研究集中从两个方面进行探讨：一是品牌犯错后消费者对品牌的态度或评价（Doorn and Verhoef，2008；Hsiao et al.，2015）；二是品牌犯错后企业的应对策略的选择（Ferrin et al.，2007；Bamber and Parry，2016）。企业只有深入了解消费者对品牌犯错的态度，才能够据此做出更具有针对性的应对策略，以便更好地削弱或缓解品牌犯错所带来的负面影响。尽管众多研究皆已得出了一致结论，即品牌犯错会有损品牌在消费者心目中的形象，导致消费者对品牌产生负面态度（徐岚等，2018）。然而，研究同时也指出，当品牌犯错时，消费者对品牌的负面态度会因品牌类型的不同而有差异。相对于不具有良好声誉、不熟悉及弱关系的品牌，消费者对具有良好声誉、熟悉及强关系的品牌犯错会持更宽容的态度（Coombs and Holladay，2006；Dawar and Lei，2009；Cheng et al.，2012）。而相比于令人兴奋的品牌犯错，消费者对真诚的品牌犯错将持更加负面的态度（Aaker et al.，2004）。Puzakova 等（2013）研究发现，相比非拟人化品牌犯错，消费者对拟人化品牌犯错的反应将更加负面。因此，我们认为，对于文化混搭品牌和非文化混搭品牌犯错，消费者也可能表现出差异化的反应。

从前文中可知，当全球品牌在国际化过程中运用当地文化元素时，这也是一种文化混搭。尽管作为外来者的全球品牌对于当地消费者来说是不熟悉且遥远的（心理上），但当地文化元素对于他们来说却是非常熟悉且接近的（心理上），因此，全球品牌运用当地文化元素将有助于增强消费者对品牌的熟悉度和亲近感（Wu，2011）；而与此相反，对于那些没有运用当地文化元素的全球品牌，消费者的这种熟悉度和亲近感就会被大大削弱。先前的研究指出，人们倾向于将与自己心理接近的人归为“内群体”（Tajfel and Turner，1986），同样的，与自己心理接近的品牌也会被视为“内群体品牌”（Escalas and Bettman，2003）。这意味着，相比没有运用当地文化元素的全球品牌，消费者将更可能把运用当地文化元素的全球品牌视作“内群体品牌”。而在对内外群体成员进行评价时，个体会表现出明显的内群体偏爱和外群体贬损的倾向（Sääksjärvi and Samiee，2011），即使犯了同样的错误，个体也会因内群体偏爱更愿意原谅内群体成员，而更不愿意原谅外群体成员（张晓娟等，2015）。据此，我们推断，相比没有运用当地文化元素的全球品牌，当运用了当地文化元素的全球品牌犯错时，消费者将会因“内群体偏爱”而更易原谅品牌。因此，我们提出假设1。

假设1：相对于非文化混搭的全球品牌犯错，当文化混搭的全球品牌犯错时，消费者将表现出更加宽容的态度

三、心理距离的中介效应

心理距离是指行为人在心理空间中对事物或事件的主观感知距离，主要由时间、空间、社会距离和结果的确定性程度四个维度构成（黄静等，2011）。研究指出，相对于群体外、陌生的事物或事件，人们会感知到与群体内、熟悉的事物或事件心理距离更近（Bar-Anan et al.，2006；钟毅平和陈海洪，2013）。这意味着，当地文化元素对于当地消费者来说心理距离是比较近的，因此，当全球品牌应用了当地文化元素时，对于这样的文化混搭品牌，消费者感知到的心理距离将会更近，而对于那些没有应用当地文化元素的全球品牌，消费者感知到的心理距离将会更远。而解释水平理论指出，人们对某一事物或事件的反应往往取决于他们对事物或事件的心理表征，而心理表征则取决于个体感知到的与认知客体之间的心理距离的远近（Liberman et al.，2002；Nussbaum et al.，2003）。一般而言，对于心理距离远的事物或事件人们倾向于进行抽象化、去情境化和本质性的高水平解释，而对心理距离近的事物或事件则倾向于进行具体化、情境化和附带性的低水平解释（Trope and Liberman，2003；Liberman et al.，2007）。以往研究已经指出，这种解释水平的高低会影响个体的决策和判断。对于心理距离远的客体犯错，消费者将倾向根据一般性的规范或准则对其行为进行更严厉的判断，认为行为性质严重，更难以原谅；而对于心理距离近的客体犯错，则倾向根据当时的具体情境去分析其行为，认为行为可以理解并为其辩护，更容易原谅（Eyal et al.，2008；Gunia et al.，2009；Gino and Galinsky，2012）。据此，我们推断，当品牌犯错时，相比心理距离较远的非文化混搭的全球品牌，消费者将更易原谅心理距离更近的文化混搭的全球品牌。因此，我们提出假设 2。

假设 2：消费者与犯错品牌之间的感知心理距离中介了全球品牌犯错对消费者的品牌评价的影响

四、品牌犯错类型的调节效应

以往的研究发现，当品牌所犯的错误类型不同时，消费者对品牌的态度也会存在明显差异。一般来说，根据消费者的信任来源可将品牌犯错划分成能力犯错和道德犯错，其中，能力犯错指的是品牌因技术、业务等能力上的不足而导致的消极结果，而道德犯错则是品牌因为没有遵守消费者认可的道德规范和社会准则而导致的消极结果（徐岚等，2018）。这两种犯错类型存在着本质上的差异，能力犯错主要反映的是客观能力的暂时不足与限制，不仅具有较低的主观故意性，而且未来通过努力是可以改善这种状况的（Xie and Peng，2009）；然而，道德犯错主要反映的是主观持有的价值观出现了偏差，不仅具有更高的主观故意性，而且价值观作为一种长期形成的稳定特质，一旦形成，在短期内往往很难改变（Kim et al.，

2004）。这意味着，当品牌犯了能力错误时，消费者会感知到相对较低的主观恶性和较强的未来改善可能性，此时，对于心理距离更近的文化混搭的全球品牌，消费者往往更可能找理由对其犯错行为进行辩解，并更可能认为品牌情有可原。然而，当品牌犯了道德错误时，消费者会感知到更高的主观恶性和更低的未来改善可能性，而先前的研究已经指出，人们对心理距离更近的内群体成员的道德要求更高，当犯了与道德有关的错误时，相对于外群体成员，人们将更难原谅内群体成员（Leach et al.，2007；吴波等，2015）。因此，我们推断，相比心理距离更远的非文化混搭的全球品牌，消费者更难原谅心理距离更近的文化混搭的全球品牌犯下这类道德错误。因此，我们提出假设 3。

假设 3a：当犯的是能力错误时，消费者对非文化混搭的全球品牌犯错的评价要明显低于文化混搭的全球品牌

假设 3b：当犯的是道德错误时，消费者对文化混搭的全球品牌犯错的评价要明显低于非文化混搭的全球品牌

第三节　文化混搭对消费者的宽恕意愿的影响及其中间作用机制

实验 1 的目的在于检验研究主效应及其中间作用机制，即消费者对文化混搭品牌犯错和非文化混搭品牌犯错的宽恕意愿是否存在明显差异，并解释其中间作用机制。我们推断，相对于非文化混搭品牌犯错，消费者对文化混搭品牌犯错将表现出更加宽容的态度，感知心理距离在其中起着中介作用。

一、实验设计与被试

本研究在中国中部某高校招募了75名本科生（$n_{男}$=37，$n_{女}$=38，平均年龄20.63岁）参与本次实验，并将他们随机分配在2（品牌犯错组：非文化混搭组VS文化混搭组）的单因素组间设计中的其中一组。

二、实验步骤与刺激物

第一，对于实验中需要用到的刺激物，即文化混搭品牌和非文化混搭品牌，采用了某全球知名咖啡品牌旗下的两款产品，即“咖啡月饼”和“美式松饼”。因为在2005年，该品牌咖啡月饼曾被曝出细菌超标的丑闻，所以，实验将以此事件作为品牌犯错的情境。具体来说，实验通过邀请被试参加一项“热点新闻事件的公众态度调查”来进行。首先，请被试认真阅读一则新浪财经新闻报道，为尽可能提高这则新闻的真实性和可信度，新闻界面直接复制于新浪财经网，只对新闻内容进行了相应的修改。该则新闻标题为《XBK月饼（松饼）被曝细菌超标》，正文则简要介绍了相关情况，即国家市场监督管理总局近期公布了对“咖啡月饼”或“美式松饼”的三个批次产品的抽检结果，发现其中一部分产品存在细菌超标的问题，并在报道之后附上了一张产品图片。然后，请被试在看完这则新闻报道后认真回答相关问题。

第二，对于消费者对犯错品牌的宽恕意愿，实验采用了Santelli等（2009）提出的三个题项的7点量表来进行测量，如“你会有多大的动机选择去原谅该品牌”“在这种情况下，你觉得你有多大可能会原谅该品牌”等；对于感知心理距离的测量，实验采用了徐岚等

（2018）提出的两个题项的 7 点量表，题项分别是“我会与该品牌保持友好的关系”和“我会与该品牌保持亲密的关系”。此外，实验还借鉴了 Aron 等（1992）提出的人际关系亲密度的测量方式，即分别用两个圆圈来代表自我和品牌，通过圆圈之间的交叉程度来表示感知自我和品牌之间的关系。而对于消费者情绪的测量，实验采用了 Cheng（2010）的测量方式，分别测量了消费者的“愤怒”“沮丧”和“失望”情绪。

第三，为了排除品牌犯错严重性的影响，实验借鉴了 Roschk 和 Kaiser（2013）提出的危机严重性量表，采用四个题项的 7 点量表来测量消费者感知到的错误严重性程度，如“该品牌这次出现的问题是一个重大问题”“该品牌这次出现的问题是值得注意的”等；为了排除品牌犯错事件熟悉度的影响，实验借鉴了冉雅璇等（2017）提出的危机熟悉度量表，采用了一个题项来测量消费者对新闻报道事件的熟悉度，即“我曾经看到或听说过类似的企业危机事件”；实验还采用了 Hardell-Illgen（2015）对于新闻真实性的测量方法，请消费者表明他们对于这则新闻事件的看法，1 表示非常不可靠 / 不可信 / 不真实，7 表示非常可靠 / 可信 / 真实。

作为对文化符号的文化象征显著性的操控检查，实验采用了 Wan 等（2010）提出的四个题项的 7 点量表，测试被试感知该咖啡品牌象征着美国文化，以及月饼象征着中国文化的程度。此外，实验还测量了被试的产品熟悉度、产品经验及产品态度。其中，产品熟悉度通过 1 个题项来进行测量，即“我知道该品牌咖啡月饼 / 美式松饼”；产品经验也通过 1 个题项进行测量，即“我吃过该品牌咖啡月饼 / 美式松饼”；而产品态度则通过两个题项的 7 点量表来进行测量，分别是“我觉得该品牌咖啡月饼 / 美式松饼很好吃”和“我很喜欢吃该品牌咖啡月饼 / 美式松饼”。最后，收集了被试的人口统计信息，即性别和年龄。

三、实验结果分析

（一）操控检验

数据分析结果表明，被试认为月饼明显象征着中国文化（$M_{月饼}=5.11$，$SD=1.30$），而咖啡品牌则象征着美国文化［$M_{咖啡}=4.40$，$SD=1.14$］。且在不同犯错品牌组，被试对月饼象征着中国文化［$M_{文化混搭}=5.19$，$SD=1.33$，$M_{非文化混搭}=5.01$，$SD=1.28$，$F(1, 73)=0.348$，$p=0.557$］，咖啡品牌象征着美国文化的评价并无显著差异［$M_{文化混搭}=4.40$，$SD=1.12$，$M_{非文化混搭}=4.39$，$SD=1.18$，$F(1, 73)=0.003$，$p=0.955$］。

（二）宽恕意愿

为了检验犯错品牌类型（非文化混搭品牌 VS 文化混搭品牌）对消费者宽恕意愿的影响，本研究通过一个单因素方差分析发现，犯错品牌类型对于消费者宽恕意愿存在一个显著的主效应［$F(1, 75)=10.852$，$p=0.006$］，具体见图 5-1。当文化混搭品牌犯错时，消费者将表现出更高的宽恕意愿［$M_{文化混搭}=3.20$，$SD=1.23$ VS

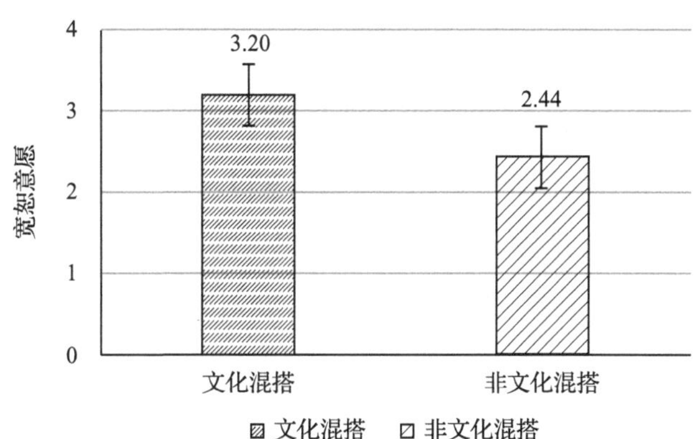

图 5-1　不同品牌犯错时消费者的宽恕意愿

$M_{非文化混搭}$ = 2.44，SD =1.11，t（73）= 2.807，$p < 0.01$，Cohen's d = 0.65]。因此，假设 1 得到了实验的验证。

此外，研究还以犯错品牌类型作为自变量，犯错严重性、危机熟悉度、新闻真实性、产品熟悉度和产品态度分别作为因变量进行了独立样本 t 检验。最后的结果表明，不同类型的品牌犯错时，被试对犯错严重性（t = –0.32，p = 0.75）、危机熟悉度（t = 0.183，p = 0.855）和新闻真实性（t = –1.467，p = 0.147）的评价并无显著差异，且在产品熟悉度（t = 0.467，p = 0.642）、产品经验（t = –0.828，p = 0.411）和产品态度（t = 0.08，p = 0.936）上也无明显差异。

（三）中介检验

为了验证感知心理距离中介了犯错品牌类型对消费者的宽恕意愿的影响，本研究采用 PROCESS 213 工具进行 Bootstrap 中介效应检验，并将犯错严重性、危机熟悉度、新闻真实性、产品熟悉度、产品经验和产品态度作为协变量包含在模型中。结果发现，犯错品牌类型对感知心理距离存在一个显著影响（a = –0.76，SE = 0.24，t = –3.17，$p < 0.01$），而感知心理距离也对消费者宽恕意愿存在一个显著影响（b = 0.56，SE = 0.11，t = 5.01，$p < 0.001$）。在 95% 的置信区间下，直接效应的区间包括 0（CI = [–0.81，0.13]），但间接效应的区间不包括 0（CI = [–0.80，–0.16]），效应大小为 –0.43。这意味着，感知心理距离完全中介了犯错品牌类型对消费者的宽恕意愿的影响。因此，假设 2 得到实验数据支撑。

此外，为了排除消费者情绪对犯错品牌类型效应的替代解释，本研究也以消费者情绪作为中介变量进行了 Bootstrap 中介效应检验。结果发现，在 95% 的置信区间下，Bootstrap 检验的置信区间包括 0（CI = [–0.04，0.13]），这说明消费者情绪的中介效应不存在。

四、研究小结

本研究发现，当品牌犯错时，该品牌是否是文化混搭品牌会影响消费者的宽恕意愿，具体来说，相对于非文化混搭品牌犯错，消费者更可能宽恕文化混搭品牌犯错。因为混搭了当地文化元素的全球品牌会拉近品牌与消费者之间的心理距离，使消费者产生“内群体品牌偏爱”，从而更愿意原谅该文化混搭品牌犯错。也就是说，感知心理距离在其中发挥着中介作用。以往的研究指出，对于心理距离近者，相比于能力要求，个体会有着更高的道德要求。据此，我们推断，品牌犯错的类型（能力犯错 VS 道德犯错）将会对品牌类型的主效应产生一个调节作用。因此，接下来的实验 2 将主要检验品牌犯错类型的调节效应。此外，为提高研究结论的普适性，实验 2 将以服装行业的全球品牌作为刺激物。

第四节　品牌犯错类型的调节效应

实验 2 的目的在于检验品牌犯错类型（能力犯错 VS 道德犯错）对犯错品牌类型对消费者宽恕意愿的影响的调节作用，我们推断，当品牌犯的是能力错误时，相比非文化混搭品牌，消费者将更可能宽恕文化混搭品牌；而当犯的是道德错误时，相比文化混搭品牌，消费者将更可能宽恕非文化混搭品牌。

一、实验设计与被试

本研究在中国中部某高校招募了 189 名本科生（$n_{男}$=94，$n_{女}$=95，平均年龄 19.39 岁）参与本次实验，并将他们随机分配在 2（品牌犯错组：非文化混搭组 VS 文化混搭组）×2（犯错类型：能力犯错 VS 道德犯错）的双因素组间设计中的其中一组。

二、实验步骤与刺激物

对于实验中需要用到的全球品牌，采用的是来自美国的一个知名服装品牌。该服装品牌旗下的 T 恤和牛仔裤等产品近几年频繁被曝出质量问题，如以次充好、pH 值不合格，以及耐汗渍、洗色牢度不合格等。因此，本实验将以此为背景，虚构一款该品牌旗下的 T 恤，颜色为大众化的白色，款式和风格为男女皆宜。其中，在文化混搭情境下，该白色 T 恤正面印有我国的京剧脸谱图案，而在非文化混搭情境下，T 恤正面则印有美国纽约的城市图案。

具体的实验步骤基本同实验 1，也是让被试阅读一篇新浪财经新闻报道，标题为《XX 服装被曝 pH 值超标》，内容则为国家市场监督管理总局近期公布了对美国服装品牌 XX 的三个批次的产品的抽检结果，发现其中一部分京剧脸谱（纽约城市）T 恤 pH 值超标，有害人体健康。然后简要介绍了出现问题的原因，其中，在能力犯错情况下，指出这是由于品牌的水洗技术不足、工艺不成熟，导致水洗不充分引起的；而在道德犯错情况下，则是由于品牌为降低生产成本，故意删减水洗环节，导致水洗不充分引起的。最后，在报道之后附了一张这款 T 恤的图片。

接下来，如实验 1 测量消费者的宽恕意愿、犯错严重性、危机熟悉度、新闻真实性和文化符号的文化象征性水平。此外，实验还采用了两个题项测量被试的产品态度，分别是“这件京剧脸谱（纽约城市）T 恤很好看”和“我很喜欢这件京剧脸谱（纽约城市）T 恤”；两个题项测量被试的品牌熟悉度，分别是“XX 这个品牌我很熟悉”

和“我很了解XX这个品牌”；两个题项测量被试的产品经验，分别是“我一直用XX这个品牌”和“我对XX这个品牌有着丰富的个人使用经验”。最后，收集被试的性别和年龄信息。

三、实验结果分析

（一）预实验

为了检验对于品牌犯错类型的实验操纵是否成功进行了一次预实验，让被试评价品牌犯错是由于能力不足还是道德偏差引起的，通过采用4个题项的7点量表来进行测量（Hardell-Illgen，2015）。针对71份（$n_{男}=34$，$n_{女}=37$，平均年龄19.06岁）样本数据的单因素方差分析发现，能力犯错组的能力犯错程度要明显高于道德犯错组[$M_{能力犯错}=5.38$, $SD=1.14$ VS $M_{道德犯错}=3.93$, $SD=1.16$, $t(71)=5.298$, $p<0.001$, Cohen's $d=1.26$]，而道德犯错组的道德犯错程度则要显著高于能力犯错组[$M_{能力犯错}=3.08$, $SD=1.15$ VS $M_{道德犯错}=5.29$, $SD=1.05$，$t(71)=-8.414$, $p<0.001$, Cohen's $d=-2.01$]。

（二）操控检验

数据分析结果表明，被试认为京剧脸谱明显象征着中国文化（$M_{京剧脸谱}=5.78$，$SD=0.94$），且在不同犯错类型组别，被试对京剧脸谱象征着中国文化的评价并无差异；而服装品牌则明显象征着美国文化（$M_{服装品牌}=4.74$，$SD=1.14$），且在不同品牌类型组别和不同犯错类型组别，被试对服装品牌象征着美国文化的评价也无显著差异。

（三）宽恕意愿

为了检验犯错类型对品牌类型对消费者宽恕意愿的影响的调节作用，本研究进行了一个协方差分析，将犯错严重性、危机熟悉度、新闻真实性、产品态度、品牌熟悉度和产品经验作为协变量。数据分析结果不仅揭示出品牌类型[$F(1, 185)=4.325$,

$p<0.05$］和犯错类型［$F(1, 185)=28.980$，$p<0.001$］对消费者的宽恕意愿具有显著主效应，而且揭示出品牌类型和犯错类型对消费者的宽恕意愿具有显著交互效应［$F(1, 185)=36.026$，$p<0.001$］，具体见图 5-2。当犯的是能力错误时，相比非文化混搭品牌，消费者将更可能宽恕文化混搭品牌［$M_{文化混搭}=3.56$，$SD=1.04$ VS $M_{非文化混搭}=2.38$，$SD=1.00$，$t(92)=5.606$，$p<0.001$，Cohen's $d=1.16$］；而当犯的是道德错误时，相比文化混搭品牌，消费者将更可能宽恕非文化混搭品牌［$M_{文化混搭}=1.89$，$SD=0.94$ VS $M_{非文化混搭}=2.46$，$SD=0.99$，$t(93)=-2.888$，$p<0.01$，Cohen's $d=-0.59$］。因此，假设 3a 和 3b 就得到了实验的验证。

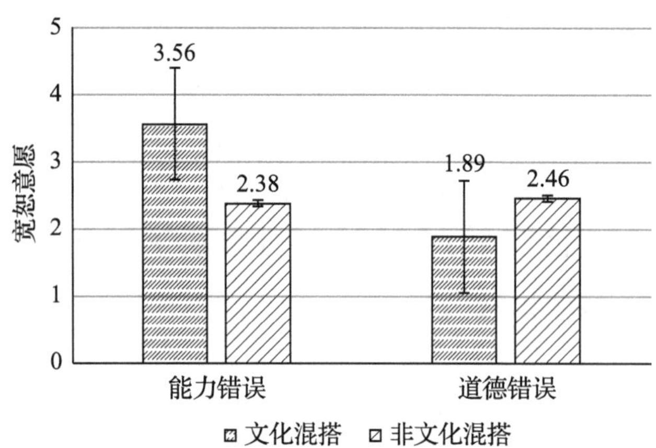

图 5-2 不同犯错类型下消费者的宽恕意愿

此外，协方差分析还指出，犯错严重性［$F(1185)=2.523$，$p=0.114$］、危机熟悉度［$F(1185)=0.443$，$p=0.507$］、新闻真实性［$F(1185)=0.005$，$p=0.945$］、产品态度［$F(1185)=1.073$，$p=0.302$］、品牌熟悉度［$F(1185)=0.911$，$p=0.341$］和产品经验［$F(1185)=0.556$，$p=0.457$］对消费者的宽恕意愿都不存在显著主效应。

四、研究小结

本研究指出，当品牌犯的错误类型不同时，消费者对文化混搭品牌和非文化混搭品牌的宽恕意愿会存在明显差异。具体来说，当犯的是能力错误时，相比于非文化混搭品牌，消费者更可能宽恕文化混搭品牌。因为能力犯错主要是由于客观能力上的不足引起的，因此，消费者会更愿意原谅心理距离近的文化混搭品牌。而当犯的是道德错误时，相比于文化混搭品牌，消费者更可能宽恕非文化混搭品牌。因为道德犯错主要是由于主观上的价值偏差引起的，而消费者对于心理距离近者具有更高的道德要求，因此，他们会更难原谅文化混搭品牌。

附　录　实证研究中的问卷示例

——热点新闻事件的公众态度调查

近些年来，一些大企业频频被曝出各种丑闻，成了社会热议的焦点。作为中国高校的市场研究人员，我们想知道，当企业被曝出负面新闻时，社会公众会如何看待该事件及相关的企业。

本次调查所收集的所有数据仅做研究之用，请您放心如实填写即可。

一、新闻事件调查

请您认真阅读以下新闻（A/B），并据此回答之后的问题。

新浪财经

星巴克松饼被曝细菌超标

2020年09月16日 14:51 央广网

新浪财经讯 9月15日国家质检总局公布了对星巴克美式松饼的三个批次的抽检结果，发现其中一部分松饼细菌超标。截至目前，星巴克尚未对此做出回应。

A

新浪财经

星巴克月饼被曝细菌超标

2020年09月16日 14:51 央广网

新浪财经讯 9月15日国家质检总局公布了对星巴克月饼的三个批次的抽检结果，发现其中一部分月饼细菌超标。截至目前，星巴克尚未对此做出回应。

B

在看完以上新闻报道后，请您认真回答以下问题：

1. 你会有多大的动机选择去原谅星巴克？

完全没动机	1	2	3	4	5	6	7	非常有动机

2. 在这种情况下，你觉得你有多大可能会原谅星巴克？

完全不可能	1	2	3	4	5	6	7	非常有可能

3. 你会在多大程度上原谅星巴克的所作所为？

完全不原谅	1	2	3	4	5	6	7	完全会原谅

4. 请问下面哪个图最能描述你（self）跟星巴克（other）之间的关系。

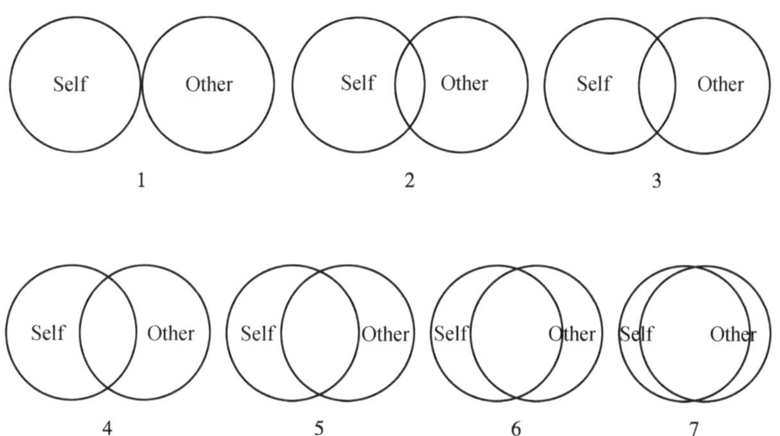

5. 请你对以下陈述的同意或不同意程度做出选择

题项	非常不同意	不同意	有点不同意	中立	有点同意	同意	非常同意
（1）我会与星巴克保持友好的关系	1	2	3	4	5	6	7
（2）我会与星巴克保持亲密的关系	1	2	3	4	5	6	7

6. 当你看到以上这则新闻时，请问你的心情是：

题项	非常不同意	不同意	有点不同意	中立	有点同意	同意	非常同意
愤怒	1	2	3	4	5	6	7
沮丧	1	2	3	4	5	6	7
失望	1	2	3	4	5	6	7

7. 请你对以下陈述的同意或不同意程度做出选择

题项	非常不同意	不同意	有点不同意	中立	有点同意	同意	非常同意
（1）星巴克这次出现的问题是一个重大问题	1	2	3	4	5	6	7
（2）星巴克这次出现的问题是值得注意的	1	2	3	4	5	6	7
（3）星巴克这次出现的问题是严重的	1	2	3	4	5	6	7
（4）星巴克这次出现的问题会引发许多不便	1	2	3	4	5	6	7

8. 我曾经看到过或听说过类似的企业危机事件。

非常不同意	1	2	3	4	5	6	7	非常同意

9. 请选择你对以上这则新闻事件的看法。

非常不可靠	1	2	3	4	5	6	7	非常可靠
非常不可信	1	2	3	4	5	6	7	非常可信
非常不真实	1	2	3	4	5	6	7	非常真实

10. 请你对以下陈述的同意或不同意程度做出选择

题项	非常不同意	不同意	有点不同意	中立	有点同意	同意	非常同意
（1）星巴克涉及美国文化	1	2	3	4	5	6	7
（2）星巴克是美国文化的一个符号	1	2	3	4	5	6	7
（3）星巴克体现了美国的价值观	1	2	3	4	5	6	7
（4）星巴克是美国文化的一个象征	1	2	3	4	5	6	7
（5）美式松饼/月饼涉及美国/中国文化	1	2	3	4	5	6	7
（6）美式松饼/月饼是美国/中国文化的一个符号	1	2	3	4	5	6	7
（7）美式松饼/月饼体现了美国/中国的价值观	1	2	3	4	5	6	7

续表

题项	非常不同意	不同意	有点不同意	中立	有点同意	同意	非常同意
（8）美式松饼/月饼是美国/中国文化的一个象征	1	2	3	4	5	6	7

11. 请你对以下陈述的同意或不同意程度做出选择。

题项	非常不同意	不同意	有点不同意	中立	有点同意	同意	非常同意
（1）我知道星巴克美式松饼/月饼	1	2	3	4	5	6	7
（2）我吃过星巴克美式松饼/月饼	1	2	3	4	5	6	7
（3）我觉得星巴克美式松饼/月饼很好吃	1	2	3	4	5	6	7
（4）我很喜欢吃星巴克美式松饼/月饼	1	2	3	4	5	6	7

二、个人信息收集

（1）性别：□男　　□女

（2）年龄：____________

（3）你的学历：□初中及以下　□高中　□大学

□研究生及以上

第六章　全球品牌的道歉框架影响消费者宽恕意愿的实证研究

第一节　研究问题

随着经济全球化的发展，越来越多的全球品牌接连涌现，并受到世界各地消费者的喜爱。与此同时，我们也发现，有关全球品牌的一些负面事件也频频被曝出。例如，自 2016 年 8 月起，苹果手机在全球范围内被频繁曝出电池自燃、爆炸等一系列质量问题，招致全球消费者的广泛声讨；2018 年 11 月，意大利奢侈品牌杜嘉班纳发布一组名为“起筷吃饭”的广告，因涉及辱华引发了中国消费者的强烈质疑和抵制；2022 年 7 月，法国时装品牌迪奥因公然抄袭中国传统服饰马面裙而引发众怒，只能仓皇下架。可以看到，这些危机事件的发生不仅引发了消费者强烈的负面反应，还严重威胁到品牌或公司的声誉和资产。因此，当危机事件发生以后，品牌或公司必须以最合适的方式进行沟通，最大限度地减少损失，并恢复品牌或企业的声誉（Claeys and Cauberghe，2014）。

研究表明，危机应对策略，即一个组织在危机事件发生后的言行，有助于在危机后保护组织的声誉（Coombs and Holladay，2008）。当一个组织因危机而受到指责时，情境危机沟通理论（SCCT）认为应在危机应对信息中表达歉意。在大多数情况下，道歉对公司最有利（Hill and Boyd，2015）。道歉是指一个组织承认并承担危机的责任，寻求公众的原谅（Benoit and Drew，1997），并承诺不再重复同样的错误行为（Kellerman，2006）。调查发现，道歉是世界500强企业在Facebook上与公众沟通时最常用的危机应对策略（Ki and Nekmat，2014）。然而，纵观以往众多全球品牌在危机事件发生后发布的道歉声明，我们发现在传达的信息方面存在明显的差异。有的全球品牌会在道歉声明中重点强调它的国际化形象及全球化经营，如品牌遍销全球数十个国家和地区，受到全球各地消费者的广泛喜爱等；而有的全球品牌则会在道歉声明中着重突出它的本土化形象和当地化经营，如品牌在当地的经营历史及对当地市场的重视等。以往的研究指出，道歉的框架在很大程度上会影响它们的有效性（Coombs and Holladay，2008；Bentley，2018）。那么，全球品牌采用的这两种不同的形象框架策略是否也会影响消费者对品牌道歉的态度呢？

以往有关品牌或企业道歉有效性的研究，主要从四个方面进行探讨：一是道歉主体特征的影响，如品牌形象（Marina et al.，2013；周懿瑾等，2021）、道歉者身份（Hill and Boyd，2015；Wei and Ran，2019）、形态（Gorn et al.，2008；Brinke and Adams，2015）和人数（冉雅璇等，2017）等；二是犯错事件特征的影响，如错误类型（Verhoeven et al.，2012；Weiand Ran，2019；Lee et al.，2021；Wynes，2021）、责任归因（Lwin et al.，2017；Yuan et al.，2016；Racine et al.，2018）等；三是道歉客体特征的影响，如产品卷入度（Choi and Chung，2013）、思维方式（Wang et al.，2016）和内隐人格（Puzakova et al.，2013）等；四是道歉本身特征的影响，如道歉时机（Frantz and Bennigson，2005）、语言（徐岚等，2018）和信息框架（Ran et al.，2016；Lee et al.，2021；Xiao et al.，2020；Schreurs and Hamstra，2020）等。内容作为道歉的核心，对于消费者的态度会产生举足轻重的影响。以往的一些研究虽然也探讨了道歉的不同

形象框架的影响，如高、低真诚性（Choi and Chung，2013），高、低同理心（Lee and Chung，2012），抽象和具体（Schreurs and Hamstra，2020），以及情感和信息（Ran et al.，2016；Lee et al.，2021）等，但研究中只考虑了犯错事件特征（如犯错类型、责任归因等）的影响，并未注意到品牌特征及道歉形象框架的影响。以往研究指出，同样是道歉，因品牌形象不同，道歉的效果也会有差异（Marina et al.，2013；周懿瑾等，2021）。因此，相较于一般品牌，全球品牌在道歉内容上也应该会有所差异。此外，以往研究中的道歉主要塑造的是品牌或企业真诚、具有同理心并且负责任的形象，而较少关注道歉中其他形象的塑造对消费者态度的影响。尤其是对于全球品牌来说，既有实力强大的全球形象，也有适应当地的本土形象，在道歉时，究竟突出哪一种形象会更有利于获得消费者的宽宥呢?

综上，本研究拟以解释水平理论为基础，探讨在全球品牌犯错的情境下采用不同的道歉形象框架（全球化形象 VS 本土化形象）对消费者的宽恕意愿的影响，其中的心理机制是怎样的，又可能存在哪些调节变量。

第二节　理论基础和研究假设

一、全球品牌的两种道歉框架

全球品牌是指在国际市场上广泛可得并且在世界范围内享有很高认知度的品牌（Dimofte et al.，2008）。它们不仅具有广泛的可得性、认知度和地理覆盖性，能让消费者产生积极的感知质量联想，还往往有着更高的声望和地位等（Holt et al.，2004）。研究指出，感知品牌全球性能够提高消费者对品牌优越性的认知，因此，他们对于具有“全球形象”的品牌的偏好要高于本地竞争者，即便前者在客观上并不具备更高的质量和价值（Shocker et al.，1994）。具体来说，感知品牌全球性会显著正向影响品牌声望和品牌感知质量，进而间接影响品牌购买可能（Steenkamp et al.，2003）。全球品牌通过引发消费者的“全球等于更好”推论，使品牌具备一种光环效应，而在品牌环境中，光环效应意味着品牌的全球影响力有利于对质量、声望、地位、可靠性和性能这些品牌属性的评估（Davvetas et al.，2020）。因此，企业往往会通过在传播中使用诸如品牌名称、标识、广告视觉效果和主题等元素将品牌定位为全球品牌，以利用这种形象提升效应（Alden et al.，1999）。鉴于此，当品牌犯错时，全球品牌也可以在道歉声明中强调它的全球形象，即面向全球消费者在全球市场进行全球化经营，这被称为全球化形象框架。

因全球品牌不仅能够促进跨国公司在全球市场的迅速扩张，形成让竞争对手短期内难以模仿的竞争优势，还能在全球市场上带来极高的投资回报（Alden et al.，1999），因此，各大跨国公司都在积极实施品牌全球化战略。而在具体实施的过程中，一个特别重要的问题便是本土适应性（Kustin，1994）。因不同国家和地区在政治、经济和文化等方面存在差异，使得消费者的认知和偏好也会存在明显不同，因此，全球品牌必须根据当地的实际情况对营销战略和策略进行适应性调整（Kustin，2004）。在全球扩张过程中，品牌通常是通过本地化生存而获得全球化繁荣的（Shocker et al.，1994）。一般而言，全球品牌会通过使用本土文化资本、遗产，以及能够反映出对本土认同、文化、传统、品味和需求的更深入理解的目标市场和定位策略，以与本土国家和文化建立一种连接，从而建立本土象征性认知（Özsomer，2012）。而品牌本土象征价值会显著正向影响品牌声望，并直接影响品牌购买可能性（Steenkamp et al., 2003）。此外，感知品牌本土性还会正向影响消费者的品牌认同（Kolbl et al., 2019; Sichtmann et al., 2019）。鉴于此，当品牌犯错时，全球品牌也可在道歉声明中强调它与本土市场的连接，即立足本土市场针对本土消费者进行本土化营销，这被称为本土化形象框架。

综上所述，当全球品牌犯错时，有两种道歉框架策略可供选择，即全球化形象框架策略和本土化形象框架策略。然而，对于何时采取哪种道歉策略可以取得更好的道歉效果，现有研究并未给出答案。因此，本研究拟填补这一研究空白。

二、道歉框架对消费者宽恕意愿的影响

全球品牌作为一个外来者，对于当地消费者来说是有距离的，即心理上的距离是遥远的（Connors et al., 2021）。然而，全球品牌可以通过努力适应当地市场的口味和需求，如应用当地文化元素，以增强当地消费者对品牌的熟悉度和亲近感（Nie and Wang, 2021），进而拉近与当地消费者之间的心理距离。此外，还可以“内部人”（insider）的身份在当地市场进行营销传播和沟通（Özsomer, 2012），因为人们往往会感知到与熟悉的、群体内的事物心理上是更近的（Polman et al., 2018; Kim and Song, 2019）。因此，当道歉中采用本土化形象框架，即强调全球品牌的本土形象和本土化经营时，可通过与当地国家和文化建立联系和本土象征性认知（Özsomer, 2012），以增强当地消费者的熟悉度和亲近感，让他们在心理上感知到与品牌是接近的。而当采用全球化形象框架，即强调全球品牌的全球形象和全球化经营时，将会更加突出全球品牌在当地消费者心中的“外来者”形象，进而让消费者在心理上感知到与品牌是更加遥远的。

先前的研究指出，人们倾向于将与自己心理接近的人归为“内群体”（Tajfel and Turner，1986），同样的，与自己心理接近的品牌也会被视为“内群体品牌”（Escalas and Bettman，2003）。这意味着，相比在道歉中采用全球化形象框架，当采用本土化形象框架时，消费者会更可能将全球品牌视作“内群体品牌”。而在对内外群体成员进行评价时，个体会表现出明显的内群体偏爱和外群体贬损的倾向（Sääksjärvi and Samiee，2011）。同样，在对内外群体品牌进行评价时，个体也会表现出明显的偏爱内群体品牌而贬损外群体品牌的倾向（Choi and Winterich，2013）。据此，我们推断，当全球品牌在道歉中采用本土化形象框架时，消费者更可能因为“内群体品牌偏爱”而找理由对其犯错行为进行辩解，认为品牌情有可原；而当采用全球化形象框架时，因为消费者通常将品牌的全球影响力信息解读为一种可信度信号，将该品牌与降低购买风险和降低性能失效联系起来（Özsomer and Altaras，2008），这会加剧消费者的“外群体品牌贬损”倾向，认为品牌不可原谅。据此，我们提出假设1。

假设1：当全球品牌犯错时，相对于采用全球化形象框架，当在道歉中采用本土化形象框架时，消费者更可能原谅品牌

三、感知心理距离的中介效应

心理距离是指行为人在心理空间中对事物或事件的主观感知距离，主要由时间、空间、社会距离和结果的确定性程度四个维度构成（Connors et al.，2021）。研究指出，相对于陌生的或群体外的人事物，人们会感知到与熟悉的或群体内的人事物心理距离更近（Polman et al.，2018；Kim and Song，2019）。这意味着，当全球品牌在道歉中强调它的本土形象和本土化经营时，消费者感知到的自己与品牌的心理距离将会更近；而当全球品牌在道歉中强调它的全球形象和全球化经营时，消费者感知到的自己与品牌的心理距离将会更远。而解释水平理论指出，人们对某一事物或事件的反应往往取决于他们对事物或事件的心理表征，而心理表征则取决于个体感知到的与认知客体之间的心理距离的远近（Lee et al.，2014；Castagna et al.，2021）。一般而言，对于心理距离远的事物或事件，人们倾向于进行抽象化、去情境化和本质性的高水平解释，而对心理距离近的事物或事件则倾向于进行具体化、情境化和附带性的低水平解释（Liberman et al.，2007；Itani et al.，2021）。以往研究指出，这种解释水平的高低会影响个体的决策和判断。对于心理距离远的客体犯错，消费者将倾向于根据一般性的规范或准则对犯错行为进行更严厉的判断，认为行为性质严重，进而更难以原谅；而对于心理距离近的客体犯错，则倾向于根据当时的具体情境去分析行为，认为行为可以理解并为其辩护，从而更容易原谅（Eyal et al.，2008；Gunia et al.，2009；Gino and Galinsky，2012）。因此，我们推断，当采用本土化形象的道歉框架时，消费者会因与全球品牌的感知心理距离更近，所以更可能找理由为品牌辩解，进而选择原谅；而当采用全球化形象的道歉框架时，消费者则会因与全球品牌的感知心理距离更远，所以对品牌的犯错行为进行更严厉的批判，进而更不可能原谅品牌。因此，我们提出假设 2。

假设 2：消费者与全球品牌之间的感知心理距离中介了品牌道歉框架对消费者宽恕意愿的影响

四、品牌犯错类型的调节效应

以往的研究指出，犯错类型会影响消费者对犯错品牌的态度（Dutta and Pullig，2011）。根据消费者的信任来源，可以将品牌犯错划分成能力犯错和道德犯错，其中，能力犯错指的是品牌因技术、业务等能力上的不足而导致的消极结果，道德犯错则是指品牌没有遵守消费者认可的道德规范和社会准则而导致的消极结果（韩冰等，2018；徐岚等，2018）。这两种犯错类型存在着本质上的差异，能力犯错主要反映的是客观能力的暂时不足与限制，不仅具有较低的主观故意性，而且未来通过努力是可以改善这种状况的（Xie and Peng，2009）；然而，道德犯错主要反映的是主观持有的价值观出现了偏差，不仅具有更高的主观故意性，而且价值观作为一种长期形成的稳定特质，一旦形成，在短期内往往很难改变（Kim et al.，2004）。据此，我们推断，当全球品牌犯了能力错误时，消费者会感知到相对较低的主观恶性和较强的未来改善可能性，因此，在道歉中采用本土化形象框架时，更有可能拉近品牌与消费者之间的心理距离，进而更易获得他们的宽恕。然而，当全球品牌犯了道德错误时，消费者会感知到更高的主观恶性和更低的未来改善可能性，此时，无论品牌在道歉中采用什么样的措辞，都不易拉近与消费者之间的心理距离，即不管是采用全球化形象框架还是采用本土化形象框架，消费者都不太可能原谅品牌。因此，我们提出假设 3。

假设 3：全球品牌的道歉框架策略对消费者宽恕意愿的影响会受到犯错类型的调节作用，当犯的是道德错误时，假设 1 中的效应将不复存在

第三节　全球品牌道歉框架对消费者宽恕意愿的影响

实验 1 的目的在于检验全球品牌的道歉框架对消费者宽恕意愿的影响。本研究推断，当全球品牌犯错时，相比采用全球化形象框架，当在道歉中采用本土化形象框架时，消费者将更可能宽恕品牌。

一、实验设计与被试

本研究在中国中部某高校招募了114名本科生（$n_{男}$=55，$n_{女}$=59，平均年龄20.91岁）参与本次实验，并将他们随机分配在2（道歉框架：本土化形象VS全球化形象）的单因素组间设计中的其中一组。

二、实验步骤与刺激物

邀请被试参加“热点新闻事件的公众态度”调查，首先，我们选择了耳机这种电子产品作为实验刺激物，并虚构了一个全球知名耳机品牌Altaph，以及它在中国市场近期发生的一件丑闻，即存在安全隐患。为了增强可信度，我们模拟新浪财经新闻网对该负面事件进行了报道，新闻标题为《Altaph耳机存在安全隐患》，内容则为国家信息网络产品质量检测中心发布的对全球知名耳机品牌Altaph的检测结果，发现该耳机存在声压过大的问题，长时间使用有损人耳的听力。

而后，报道又介绍了负面消息曝出后Altaph的相关举措，包括立即召回问题产品，查明问题原因及进行公开道歉等，并附上了品牌的道歉声明。具体来说，声明首先表达了歉意并公布了采取的相关补救措施等，然后就是对于道歉框架的实验操纵。在全球化形象框架下，主要强调了Altaph的全球形象和全球化经营，如行销全球48个国家与地区，深受全球消费者的信赖与喜爱，始终秉持为全球消费者带来更好的产品和体验的信念，以及以平等和尊重的态度对待全球市场中不同国家和地区的消费者等；而在本土化形象框架下，着重突出了 Altaph 的本土形象和本土化经营，如自 2012 年进入中国市场后落地生根，在过去十多年中，中国消费者一直见证和陪伴着 Altaph 的成长，Altaph 也一直将每一位中国消费者视为最重要的伙伴，并始终坚守“做中国人民最喜爱的品牌，做贡献于中国社会的企业”的承诺等。请被试认真阅读该则新闻报道，然后回答相关的问题。

首先，我们采用了 Santelli 等（2009）提出的三个题项的 7 点量表来测量消费者的宽恕意愿，如“你会有多大的动机选择去原谅该品牌”和“在这种情况下，你觉得你有多大可能会原谅该品牌”等。然后，为了排除品牌犯错严重性的影响，实验借鉴了 Roschk 和 Kaiser（2013）提出的危机严重性量表，采用四个题项的 7 点量表来测量消费者感知到的错误严重性程度，如“Altaph 此次出现的问题是一个重大问题”和“Altaph 此次出现的问题是值得注意的”等；为了排除品牌犯错事件熟悉度的影响，实验借鉴了冉雅璇等（2017）提出的危机熟悉度量表，采用了一个题项来测量消费者对新闻报道事件的熟悉度，即“我曾经看到或听说过类似的企业危机事件”。

实验还采用了 Hardell-Illgen（2015）对于新闻真实性的测量方法，请被试表明他们对于这则新闻事件的看法，1 表示非常不可靠 / 不可信 / 不真实，7 表示非常可靠 / 可信 / 真实。此外，实验还采用了四个题项的 7 点量表来检验我们对道歉框架的实验操纵是否成功，即“Altaph 在道歉信中重点强调了它在中国的经营和发展历史”“Altaph 在道歉信中重点强调了它对中国市场和消费者的看重”“Altaph 在道歉信中重点强调了它的国际化地位和全球化经营”和“Altaph 在道歉信中重点强调了它的标准化经营和对全球消费者的一视同仁”。最后，收集了被试的个人信息，包括性别、年龄和学历。

三、实验结果分析

（一）操控检验

为了检验对于道歉框架的实验操控是否成功，我们进行了一个独立样本t检验。结果发现，本土化形象组强调的本土化形象程度要明显高于全球化形象组［$M_{本土化}=4.68$，SD = 1.25 VS $M_{全球化}=3.24$，SD = 1.17，t（112）= 6.332，$p<0.001$，Cohen's d = 1.19］，而全球化形象组强调的全球化形象程度要明显高于本土化形象组［$M_{本土化}=3.25$，SD = 1.19 VS $M_{全球化}=4.58$，SD =1.38，t（112）= –5.490，$p<0.001$，Cohen's d = –1.03］。这就说明我们对道歉框架的实验操控是成功的。

（二）产品评价

为了检验道歉框架对消费者的宽恕意愿的影响，本研究进行了一个协方差分析，将新闻真实性、犯错严重性和事件熟悉度作为协变量。最后的研究结果揭示出，道歉框架对消费者的宽恕意愿存在一个显著的主效应［F（1，112）= 7.370，$p<0.01$］，具体见图6–1。当全球品牌犯错时，相对于在道歉中采用全球化形

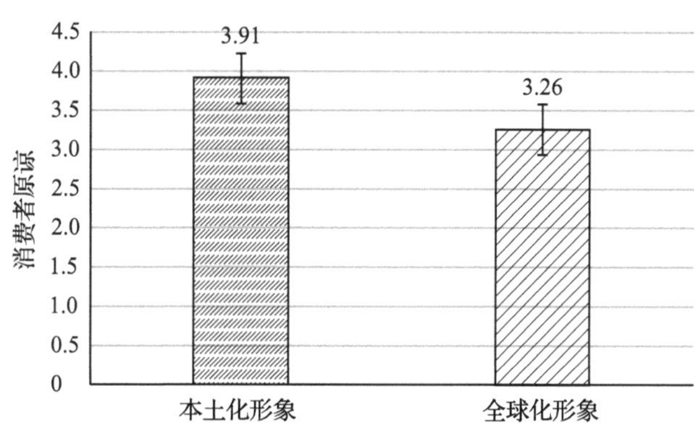

图 6–1　不同道歉组的消费者宽恕意愿

象框架，采用本土化形象的道歉框架时消费者将更可能宽恕该品牌［$M_{本土化}$ = 3.91，SD = 1.25 VS $M_{全球化}$ = 3.26，SD = 1.25，t（112）= 2.754，p < 0.01，Cohen's d = 0.52］。因此，假设 1 得到了实验验证。

实验还表明，新闻真实性［F（1,112）= 2.256，p = 0.136］、犯错严重性［F（1,112）= 1.133，p = 0.290］和事件熟悉度［F（1,112）= 1.541，p = 0.217］对消费者宽恕意愿并不存在主效应。

四、研究小结

本研究发现，全球品牌采用不同道歉框架会影响消费者的宽恕意愿。具体来说，相对于采用全球化形象的道歉框架，当全球品牌采用本土化形象的道歉框架时，消费者将更可能宽恕该品牌。那么，其中的作用机制是怎样的呢？接下来的实验 2 将深入剖析这种道歉框架策略效应的中间作用机制。此外，实验 1 中是以耐用品作为刺激物，在实验 2 中我们将以快消品作为刺激物来进一步验证主效应。

第四节　感知心理距离的中介效应

实验 2 的目的在于检验感知心理距离的中介效应。本研究推断，相比全球化形象的道歉框架，当采用本土化形象的道歉框架时，更容易拉近全球品牌与消费者之间的心理距离，进而更易获得他们的原谅。

一、实验设计与被试

本研究在中国中部某高校招募了 106 名本科生（$n_{男}$=48，$n_{女}$=58，平均年龄 21.06 岁）参与本次实验，并将他们随机分配在 2（道歉框架：本土化形象 VS 全球化形象）的单因素组间设计中的其中一组。

二、实验步骤与刺激物

同样的，邀请被试参加“热点新闻事件的公众态度”调查，只是实验刺激物换成了洗发水。首先，虚构了一个全球知名洗发水品牌 Joyce，以及它在中国市场近期发生的一件丑闻，即被检测出致敏物 MIT 超标。MIT 是一种被广泛应用于化妆品和个人护理用品行业的防腐剂。欧盟化妆品法规规定，限制 MIT 在淋洗类产品中的使用量为 15ppm。经查，洗发水产品出现致敏物 MIT 超标并不鲜见。然后，模仿新浪财经新闻网对该负面事件进行了报道，新闻标题为《Joyce 品牌洗发水检测出致敏物 MIT 超标》，内容则为国家市场监督管理总局近期公布的对全球知名洗发水品牌 Joyce 三个批次的产品的抽检结果，发现部分商品中致敏物 MIT 超出规定标准（15ppm）。接下来的实验步骤基本同实验 1，即被试会看到一封 Joyce 公司的道歉信，信中对于道歉框架的实验操纵也同实验 1。最后，请被试认真阅读新闻报道并回答相关的问题。

先是测量被试对于 Joyce 品牌的原谅程度，而后对于感知心理距离的测量，实验采用了徐岚等（2018）提出的两个题项的 7 点量表，分别是“我会与该品牌保持友好的关系”和“我会与该品牌保持亲密的关系”。此外，实验还借鉴了 Aron 等（1992）提出的人际关系亲密度的测量方式，即分别用两个圆圈来代表自我和品牌，通过圆圈之间的交叉程度来表示感知自我和品牌之间的关系。为了排除消费者情绪的替代解释，实验采用了 Cheng（2010）的测量方式，分别测量了消费者的“愤怒”“沮丧”“失望”情绪。然后，分别测量了品牌犯错严重性、犯错事件熟悉度及新闻真实性，并针对道歉框架的实验操纵是否成功进行了检验。最后，收集了被试的个人信息，包括性别、年龄和学历。

三、实验结果分析

（一）操控检验

为了检验对于道歉框架的实验操控是否成功，我们进行了一个独立样本 t 检验。结果发现，本土化形象组强调的本土化形象程度要明显高于全球化形象组（$M_{本土化}=4.99$，SD= 1.23 VS $M_{全球化}=3.90$，SD =1.18，t（104）= 4.647，$p<0.001$，Cohen's d = 0.90），而全球化形象组强调的全球化形象程度要明显高于本土化形象组（$M_{本土化}=3.78$，SD= 1.15 VS $M_{全球化}=4.83$，SD = 1.18，t（104）= −4.593，$p<0.001$，Cohen's d =−0.90）。这就说明我们对道歉框架的实验操控是成功的。

（二）产品评价

为了检验道歉框架对消费者的宽恕意愿的主效应，本研究进行了一个协方差分析，将新闻真实性、犯错严重性和事件熟悉度作为协变量。最后的研究结果揭示出，道歉框架对消费者的宽恕意愿存在一个显著的主效应［F（1，104）= 6.695，$p<0.05$］，具体见图 6-2。当全球品牌犯错时，相对于在道歉中采用全球化形象的道歉框架，采用本土化形象的道歉框架时消费者将更可能宽恕该品牌［$M_{本土化}=3.76$，SD = 1.34 VS $M_{全球化}=3.11$，SD = 1.19，t（104）= 2.659，$p<0.01$，Cohen's d = 0.51］。因此，假设 1 得到了实验验证。

实验同时表明，新闻真实性［F（1,104）= 1.077，p = 0.302］、犯错严重性［F（1,104）= 0.818，p = 0.368］和事件熟悉度［F（1,104）= 1.595，p = 0.209］对消费者宽恕意愿并不存在主效应。

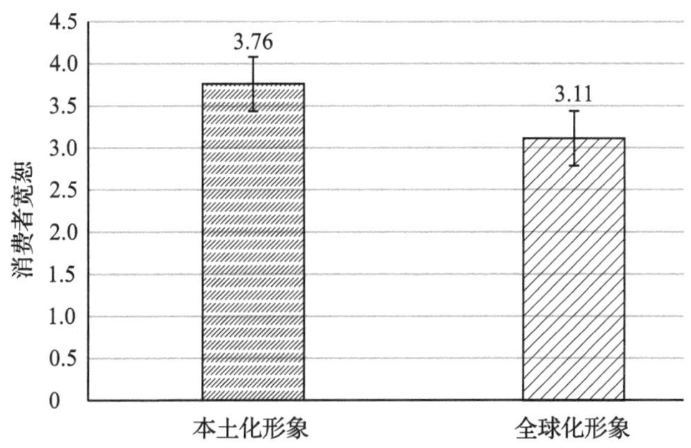

图 6-2　不同道歉框架组的消费者宽恕意愿

（三）中介检验

为了验证感知心理距离中介了全球品牌的道歉框架对消费者的宽恕意愿的影响，本研究采用 PROCESS 213 工具进行了中介效应的检验，bootstrap samples 选择 5000，并将犯错严重性、危机熟悉度及新闻真实性作为协变量包含在模型当中。最后的分析结果揭示出，道歉框架对感知心理距离存在一个显著影响（$a = -0.57$，$SE = 0.24$，$t = -2.36$，$p < 0.05$），而感知心理距离也对消费者的宽恕意愿存在一个显著影响（$b = 0.76$，$SE = 0.07$，$t = 10.85$，$p < 0.001$）。在 95% 的置信区间下，直接效应的区间包括 0（CI =［−0.56，0.13］），但间接效应的区间不包括 0（CI =［−0.83，−0.08］），效应大小为 −0.43，SE = 0.19。这意味着，感知心理距离完全中介了道歉框架对消费者的宽恕意愿的影响。因此，假设 2 得到实验数据支撑。

为了排除情绪的替代解释，我们将感知心理距离和情绪同时作为中介变量放进模型进行分析，结果表明，感知心理距离的中介效应显著，区间不包括 0（CI=［−0.74，−0.07］），效应大小为 −0.37，而情绪的中介作用不显著，区间包括 0（CI=［−0.12，0.11］）。

四、研究小结

本研究不仅再一次验证了研究主效应，即不同道歉框架策略对消费者宽恕意愿的差异化影响，更进一步检验了感知心理距离的中介作用，即全球品牌在道歉中强调它的本土化形象和经营会拉近与消费者之间的心理距离，使消费者产生“内群体偏爱”，从而更易原谅品牌。这就是说，感知心理距离在其中发挥着中介作用。以往研究指出，品牌犯错类型会影响消费者的品牌态度（Dutta and Pullig，2011）。我们推断，犯错类型（能力犯错 VS 道德犯错）也可能会对道歉框架的主效应产生一个调节作用。因此，接下来的实验 3 将检验品牌犯错类型的调节效应。

第五节　全球品牌犯错类型的调节效应

实验 3 的目的在于检验犯错类型的调节效应。本研究推断，当犯的是能力错误时，相比采用全球化形象的道歉框架，当采用本土化形象的道歉框架时，消费者将更可能原谅全球品牌；而当犯的是道德错误时，相比采用本土化形象的道歉框架，当采用全球化形象的道歉框架时，消费者将更可能原谅全球品牌。在实验 1 和实验 2 中，我们选择了实体产品作为实验刺激物，为了提高研究结论的普适性，本实验将选择综艺节目作为实验研究对象。

一、实验设计与被试

本研究在中国中部某高校招募了 282 名本科生（$n_{男}$=133，$n_{女}$=149，平均年龄 20.47 岁）参与本次实验，并将他们随机分配在 2（道歉框架：本土化形象 VS 全球化形象）×2（犯错类型：能力犯错 VS 道德犯错）的双因素组间设计中的其中一组。

二、实验步骤与刺激物

邀请被试参加“热点新闻事件的公众态度”调查。首先，我们选择了选秀节目这个时下非常火热的综艺节目类型，并虚构了一个全球知名偶像选秀节目《SUPER X》，以及它在中国市场近期发生的一件丑闻，即百万选票不翼而飞。如实验 1，我们也模仿新浪财经新闻网对该负面事件进行了报道，新闻标题为《“SUPER X”百万在线投票不翼而飞》，内容则为“全球知名偶像选秀节目《SUPER X》中国区选拔赛被曝出在线投票平台近 400 万选票不翼而飞”。然后简要介绍了出现问题的原因，其中，在能力犯错情况下，指出主要是由于《SUPER X》的在线投票系统存在设计缺陷，当数据超载时会引发数据丢失所致；而在道德犯错情况下，则是《SUPER X》为让投资方旗下艺人晋级，通过后台修改投票数据所致。

而后，报道又介绍了负面消息曝出后《SUPER X》节目组的相关举措，并附上了品牌的道歉声明。对于道歉框架的操纵也基本同实验 1，在全球化形象的道歉框架下，主要强调了《SUPER X》的全球形象和全球化经营，如业已进入全球 20 余个国家和地区，深受全球观众的信任与喜爱，始终秉持为全球观众带来更好的娱乐体验的信念，以及以平等和尊重的态度面对全球每个国家的观众等；而在本土化形象的道歉框架下，着重突出了《SUPER X》的本土形象和本土化经营，如自 2013 年进入中国市场后落地生根，在过去的 10 多年中，中国观众一直见证和陪伴着《SUPER X》的成长，《SUPER X》也一直将每一位中国观众视为最重要的伙伴，并始终坚守“做中国观众喜爱的娱乐品牌”的承诺等。之后的步骤基本同实验 1，即测量被试的宽恕意愿、情绪、犯错严重性、危机熟悉度及新闻真实性。而为了检验犯错类型的实验操控是否成功，我们采用四个题项的 7 点量表来进行测量（Hardell-Illgen，2015），如“该事件是因《SUPER X》的系统研发能力不足导致的”“该事件主要是因《SUPER X》缺乏职业道德导致的”等。其后的步骤也同实验 1，检验道歉框架的实验操纵及收集被试的个人信息。

三、实验结果分析

（一）操控检验

为了检验对于犯错类型的实验操控是否成功，我们以犯错类型和道歉框架作为自变量，以能力犯错和道德犯错程度分别作为因变量进行双因素方差分析。结果发现，犯错类型对能力犯错程度的影响显著［$F(1, 278) = 63.857$，$p < 0.001$］，道歉框架［$F(1, 278) = 2.179$，$p = 0.141$］、道歉框架和犯错类型的交互［$F(1, 278) = 0.017$，$p = 0.898$］对能力犯错程度的影响不显著；犯错类型对道德犯错程度的影响显著［$F(1, 278) = 111.090$，$p < 0.001$］，道歉框架［$F(1, 278) = 1.558$，$p = 0.213$］、道歉框架和犯错类型的交互［$F(1, 278) = 0.258$，$p = 0.612$］对道德犯错程度的影响不显著。然后，以犯错类型为自变量，以能力犯错和道德犯错程度分别作为因变量进行独立样本 t 检验。结果表明，能力犯错组的能力犯错程度要明显高于道德犯错组［$M_{能力犯错} = 4.72$，SD= 1.26 VS $M_{道德犯错} = 3.47$，SD = 1.35，$t(280) = 8.059$，$p < 0.001$，Cohen’s d = 0.96］，而道德犯错组的道德犯错程度则要显著高于能力犯错组［$M_{能力犯错} = 3.66$，SD = 1.28 VS $M_{道德犯错} = 5.26$，SD =1.25，$t(280) = -10.599$，$p < 0.001$，Cohen’s d = −1.26］。这说明对犯错类型的实验操控是成功的。

为了检验对于道歉框架的实验操控是否成功，同样以犯错类型和道歉框架作为自变量，以本土化形象程度和全球化形象程度分别作为因变量进行双因素方差分析。结果发现，道歉框架对本土化形象程度的影响显著［$F(1, 278) = 29.586$，$p < 0.001$］，犯错类型［$F(1, 278) = 0.095$，$p = 0.758$］、道歉框架和犯错类型的交互［$F(1, 278) = 0.201$，$p = 0.654$］对本土化形象程度的影响不显著；道歉框架对全球化形象程度的影响显著［$F(1, 278) = 47.311$，$p < 0.001$］，犯错类型［$F(1, 278) = 0.142$，$p = 0.706$］、道歉框架和犯错类型的交互［$F(1, 278) = 0.295$，$p = 0.587$］对全球化形象程度的影响不显著。然后，以道歉框架为自变量，以本土化形象和全球化形象程度分别作为因变量进行独立样本 t 检验。结果表明，本土化形象组强调的本土化形象程度要明显高于全球化形象组［$M_{本土化} = 4.37$，$SD = 1.07$ VS $M_{全球化} = 3.68$，$SD = 1.06$，$t(280) = 5.433$，$p < 0.001$，Cohen's $d = 0.65$］，而全球化形象组强调的全球化形象程度要明显高于本土化形象组［$M_{本土化} = 3.69$，$SD = 1.06$ VS $M_{全球化} = 4.59$，$SD = 1.11$，$t(280) = -6.894$，$p < 0.001$，Cohen's $d = -0.83$］。这就说明对道歉框架的实验操控是成功的。

（二）产品评价

为了检验道歉框架和犯错类型对消费者的宽恕意愿的交互影响，本研究进行了一个协方差分析，将犯错严重性、事件熟悉度和新闻真实性作为协变量包含在模型中。最后的研究结果揭示出，道歉框架和犯错类型对消费者的宽恕意愿存在一个显著的交互效应［$F(1, 278) = 7.369$，$p < 0.01$］，具体见图 6-3。当犯的是能力错误时，相对于采用全球化形象的道歉框架，全球品牌采用本土化形象的道歉框架将更容易得到消费者的宽恕［$M_{本土化} = 3.70$，$SD = 1.28$ VS $M_{全球化} = 2.91$，$SD = 1.12$，$t(132) = 3.803$，$p < 0.001$，Cohen's $d = 0.66$］；而当犯的是道德错误时，不管是采用本土化形象还是全球化形象的道歉框

架，消费者对全球品牌的宽恕意愿没有明显差异［$M_{本土化}$ = 2.87，SD = 1.21 VS $M_{全球化}$ = 2.85，SD =1.17，t（146）= 0.128，p =0.898］。因此，假设 3 就得到了实验数据的验证。

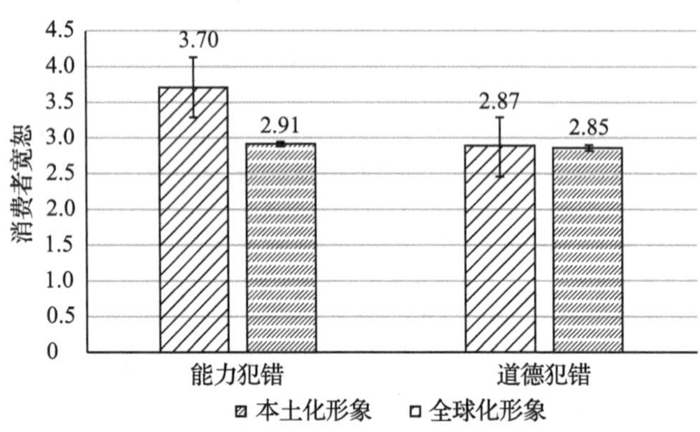

图 6–3　不同犯错类型下的消费者宽恕意愿

（三）调节中介检验

为了检验犯错类型对道歉框架对消费者的宽恕意愿的影响的调节效应是否受到了感知心理距离的中介作用，本研究采用 PROCESS 213 工具进行了一个调节中介效应的检验（model 8），并将犯错严重性、危机熟悉度及新闻真实性作为协变量包含在模型当中。最后的分析结果揭示出，道歉框架对感知心理距离存在一个显著影响（a = –1.50，SE = 0.43，t = –3.45，$p < 0.001$），道歉框架和犯错类型对感知心理距离存在一个显著交互影响（a = 0.71，SE = 0.27，t = 2.62，$p < 0.01$），感知心理距离对消费者宽恕意愿存在一个显著影响（b = 0.67，SE = 0.05，t = 13.44，$p < 0.001$）。在 95% 的置信区间，感知心理距离的确中介了道歉框架和犯错类型对消费者的宽恕意愿的交互影响，其调节中介效应大小为 0.48，区间不包括 0（CI =［0.12，0.86］）。其中，当全球品牌犯的是能力错误时，感知心理距离的中介效应显著，其效应大小为 –0.53，间接效应区间不包括

0（CI =［-0.83，-0.28］），直接效应区间包括 0（CI =［-0.59，0.07］）。而当犯的是道德错误时，感知心理距离并不发挥中介作用，间接效应区间包括 0（CI =［-0.32，0.20］），直接效应区间也包括 0（CI =［-0.26，0.35］）。从而再一次验证了假设 2。

四、研究小结

本研究发现，犯错类型会调节全球品牌的道歉框架对消费者的宽恕意愿的影响。具体来说，当犯的是能力错误时，相比采用全球化形象的道歉框架，全球品牌采用本土化形象的道歉框架时消费者更可能原谅该品牌；而当犯的是道德错误时，无论是采用本土化形象还是全球化形象的道歉框架，消费者都不太可能原谅该品牌。

附　录　实证研究中的问卷示例

——热点新闻事件的公众态度调查

近些年来，一些大企业频频被曝出各种丑闻，成了社会热议的焦点。作为中国高校的市场研究人员，我们想知道，当企业被曝出负面新闻时，社会公众会如何看待该事件及相关的企业。

本次调查所收集的所有数据仅做研究之用，请您放心如实填写即可。

一、新闻事件调查

Joyce 是一个全球知名的洗发水品牌，2022 年 9 月，国家质检总局在一次质检当中发现，其部分产品存在致敏物 MIT 超标的问题，消息曝出后，Joyce 立即对此做出了回应，以下是截自新浪财经新闻网页的 Joyce 事后道歉全文。

请您认真阅读以下新闻，并据此回答之后的问题。

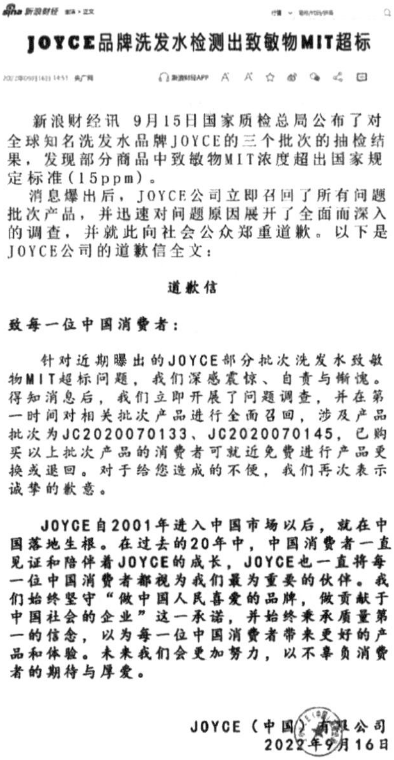

新浪财经

JOYCE品牌洗发水检测出致敏物MIT超标

2022年09月16日 14:51 央广网　新浪财经APP

新浪财经讯　9月15日国家质检总局公布了对全球知名洗发水品牌JOYCE的三个批次的抽检结果，发现部分商品中致敏物MIT浓度超出国家规定标准（15ppm）。

消息爆出后，JOYCE公司立即召回了所有问题批次产品，并迅速对问题原因展开了全面而深入的调查，并就此向社会公众郑重道歉。以下是JOYCE公司的道歉信全文：

道歉信

致每一位中国消费者：

针对近期曝出的JOYCE部分批次洗发水致敏物MIT超标问题，我们深感震惊、自责与惭愧。得知消息后，我们立即开展了问题调查，并在第一时间对相关批次产品进行全面召回，涉及产品批次为JC2020070133、JC2020070145，已购买以上批次产品的消费者可就近免费进行产品更换或退回。对于给您造成的不便，我们再次表示诚挚的歉意。

JOYCE自2001年进入中国市场以后，就在中国落地生根。在过去的20年中，中国消费者一直见证和陪伴着JOYCE的成长，JOYCE也一直将每一位中国消费者都视为我们最为重要的伙伴。我们始终坚守“做中国人民喜爱的品牌，做贡献于中国社会的企业”这一承诺，并始终秉承质量第一的信念，以为每一位中国消费者带来更好的产品和体验。未来我们会更加努力，以不辜负消费者的期待与厚爱。

JOYCE（中国）有限公司
2022年9月16日

A

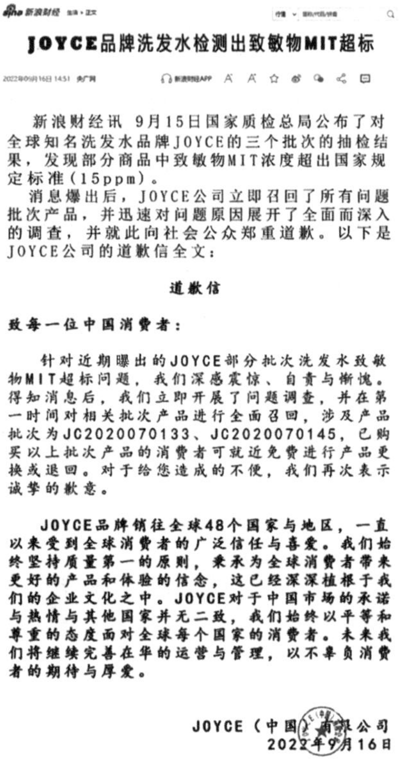

新浪财经

JOYCE品牌洗发水检测出致敏物MIT超标

2022年09月16日 14:51 央广网　新浪财经APP

新浪财经讯　9月15日国家质检总局公布了对全球知名洗发水品牌JOYCE的三个批次的抽检结果，发现部分商品中致敏物MIT浓度超出国家规定标准（15ppm）。

消息爆出后，JOYCE公司立即召回了所有问题批次产品，并迅速对问题原因展开了全面而深入的调查，并就此向社会公众郑重道歉。以下是JOYCE公司的道歉信全文：

道歉信

致每一位中国消费者：

针对近期曝出的JOYCE部分批次洗发水致敏物MIT超标问题，我们深感震惊、自责与惭愧。得知消息后，我们立即开展了问题调查，并在第一时间对相关批次产品进行全面召回，涉及产品批次为JC2020070133、JC2020070145，已购买以上批次产品的消费者可就近免费进行产品更换或退回。对于给您造成的不便，我们再次表示诚挚的歉意。

JOYCE品牌销往全球48个国家与地区，一直以来受到全球消费者的广泛信任与喜爱。我们始终坚持质量第一的原则，秉承为全球消费者带来更好的产品和体验的信念，这已经深深植根于我们的企业文化之中。JOYCE对于中国市场的承诺与热情与其他国家并无二致，我们始终以平等和尊重的态度面对全球每个国家的消费者。未来我们将继续完善在华的运营与管理，以不辜负消费者的期待与厚爱。

JOYCE（中国）有限公司
2022年9月16日

B

在看完以上 Joyce 品牌的道歉信后，请您认真回答以下问题。

1. 请选择你会有多大的动机去原谅 joyce 公司。

完全没动机	1	2	3	4	5	6	7	非常有动机

2. 在这种情况下，请选择你有多大可能会原谅 joyce 公司。

完全不可能	1	2	3	4	5	6	7	非常有可能

3. 请选择你会在多大程度上原谅 joyce 公司的所作所为。

完全不原谅	1	2	3	4	5	6	7	完全会原谅

4. 请问下面哪个图最能描述你跟 Joyce 品牌之间的关系（Self- 你，Other–Joyce）。

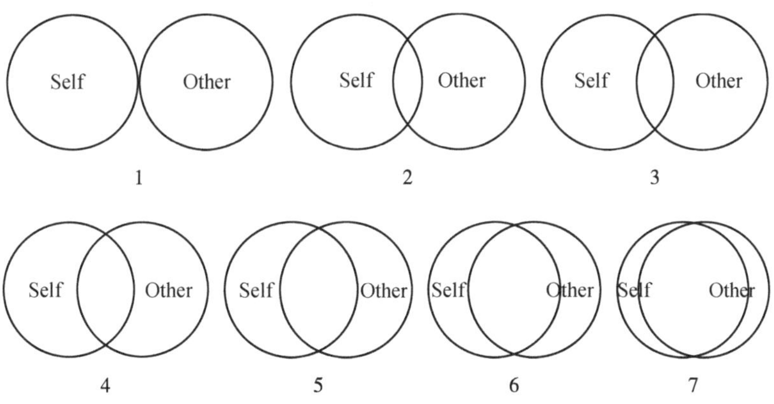

5. 请你对以下陈述的同意或不同意程度做出选择

题项	非常不同意	不同意	有点不同意	中立	有点同意	同意	非常同意
（1）我会与 Joyce 保持友好的关系	1	2	3	4	5	6	7
（2）我会与 Joyce 保持亲密的关系	1	2	3	4	5	6	7

6. 请选择你现在的心情。

伤心	−3	−2	−1	0	1	2	3	开心
消极	−3	−2	−1	0	1	2	3	积极
沮丧	−3	−2	−1	0	1	2	3	愉悦

7. 请选择你对以上这则新闻事件的看法。

非常不可信	1	2	3	4	5	6	7	非常可信
非常不可靠	1	2	3	4	5	6	7	非常可靠
非常不真实	1	2	3	4	5	6	7	非常真实

8. 你曾经看到过或听说过类似的企业危机事件。

非常不同意	1	2	3	4	5	6	7	非常同意

9. 请你对以下陈述的同意或不同意程度做出选择

题项	非常不同意	不同意	有点不同意	中立	有点同意	同意	非常同意
（1）Joyce 此次出现的问题是一个重大问题	1	2	3	4	5	6	7
（2）Joyce 此次出现的问题是值得注意的	1	2	3	4	5	6	7
（3）Joyce 此次出现的问题是严重的	1	2	3	4	5	6	7
（4）Joyce 此次出现的问题会引发许多不便	1	2	3	4	5	6	7

10. 请你对以下陈述的同意或不同意程度做出选择

题项	非常不同意	不同意	有点不同意	中立	有点同意	同意	非常同意
（1）Joyce 在道歉信中重点强调了它在中国的经营和发展历史	1	2	3	4	5	6	7
（2）Joyce 在道歉信中重点强调了它对中国市场和消费者的看重	1	2	3	4	5	6	7
（3）Joyce 在道歉信中重点强调了它的国际化地位和全球化经营	1	2	3	4	5	6	7
（4）Joyce 在道歉信中重点强调了它的标准化经营和对全球消费者的一视同仁	1	2	3	4	5	6	7

二、个人信息收集

（1）性别：□男　　□女

（2）年龄：____________

（3）你的学历：□初中及以下　□高中　□大学

□研究生及以上

第七章　结论与展望

第一节　研究结论

一、上下意象图式对消费者文化混搭态度的影响

本研究首先检验了上下意象图式对消费者的文化混搭态度的影响及其中间作用机制，并深入探讨了可能存在的调节变量，最后的研究结果表明，上下意象图式会对消费者的文化混搭态度产生差异化的影响，不管文化符号之间交叉与否，当采用“外国文化—母国文化”混搭方式，即外国文化符号在上而母国文化符号在下时，消费者对文化混搭的评价将明显低于采用“母国文化—外国文化”混搭方式，即母国文化符号在上而外国文化符号在下。其中，感知文化威胁起着完全中介的作用，即混搭的不同文化符号在垂直空间的相对上下位置会引发消费者对文化的不同强弱势感知，进而引发不同程度的文化威胁感知，最终导致差异化的文化混搭评价。

此外，本研究还发现，只有对于高支配性个体及混搭的文化符号的文化象征意义高时，该效应才会存在，而对于低支配性个体及混搭的文化符号的文化象征意义低时，该效应将会消失。因为相对于低支配性个体来说，高支配性个体会更倾向于按照垂直维度来进行感知与思考，因此，他们将更可能用文化符号的相对上下位置去隐喻映射文化力量的强弱，即处于上方时会被感知为更加强势，而处于下方时会被感知为更加弱势。而相比于文化象征意

义低的文化符号的混搭，当进行混搭的文化符号的文化象征意义高时，消费者会更担心外国文化威胁到母国文化的完整性和生命力，因此，当外国文化处于强势地位而母国文化处于弱势地位时，消费者会因为忧虑加大文化威胁，而对文化混搭表现出更加负面的态度。

而当处于上方的文化符号明显小于下方的文化符号时，上述主效应也不会存在，即消费者对采用“外国文化—母国文化”与“母国文化—外国文化”混搭方式的文化混搭的评价不会存在明显差异。只有当处于上方的文化符号不明显小于处于下方的文化符号时，上述的上下意象图式效应才会存在，即消费者对采用“外国文化—母国文化”混搭方式的文化混搭的评价将明显低于采用“母国文化—外国文化”混搭方式的文化混搭。因为大小也与权势存在着映射关系，当上方的文化符号明显小于下方的文化符号时，会引发消费者对上方文化的弱势感知和对下方文化的强势感知，而这会干扰到上下意象图式与权势大小之间的心理表征，从而导致上下意象图式效应消失。

二、文化混搭对消费者宽恕意愿的影响

本研究也检验了品牌犯错情境下，文化混搭对消费者宽恕意愿的影响。具体来说，检验了消费者对文化混搭品牌和非文化混搭品牌犯错的差异化态度及其潜在作用机制，并进一步探讨了其可能存在的边界条件。最后的研究结果表明，当品牌犯错时，消费者对没有融合当地文化元素的全球品牌的评价将明显负面于融合了当地文化元素的全球品牌。因为当地文化元素对于当地消费者来说感知心理距离近，因此，消费者对于应用了当地文化元素的全球品牌的感

知心理距离也会更近，更倾向于将其视为“内群体品牌”，从而引发他们的“内群体偏爱”，他们就更可能寻找理由为品牌进行辩解，认为其犯错行为情有可原。而对于没有应用当地文化元素的全球品牌，因为消费者的感知心理距离更远，所以更倾向于将其视为“外群体品牌”，从而引发他们的“外群体贬损”，他们就更可能对品牌做出苛刻评价，认为其行为难以原谅。也就是说，感知心理距离在其中起着完全中介的作用。

然而，只有当全球品牌犯的是能力错误时，上述效应才会存在，若犯的是道德错误，上述效应将会被逆转。因为能力错误往往是由于能力上的暂时不足所导致的，主观故意性相对较小，且在未来改善的可能性也大，因此，当犯了这种类型的错误时，消费者将更可能为心理距离更近的犯错品牌找到辩解的理由，从而更易宽恕品牌。然而，道德错误往往是由于主观上的价值观偏差所导致的，主观故意性明显更大，且在未来改善的可能性相对也更小，更重要的是，先前的研究已经指出，消费者对心理距离更近的“内群体成员”的道德要求往往会更高，因此，当犯了这种类型的错误时，消费者对心理距离更近的犯错品牌的要求和评价也相应会更加苛刻，从而更难原谅该品牌。

三、全球品牌道歉框架对消费者宽恕意愿的影响

本研究还检验了全球品牌的道歉框架对消费者宽恕意愿的影响及其潜在作用机制，并进一步探讨了其可能存在的边界条件。最后的研究结果表明，当全球品牌犯错时，相比采用全球化形象的道歉框架，当采用本土化形象的道歉框架时，消费者更可能宽恕该品牌。因为本土化形象的道歉框架强调全球品牌的本土化形象和经营，也有助于拉近与当地消费者之间的心理距离，促使他们将全球品牌视

为“内群体品牌”，从而引发他们的“内群体偏爱”，因此，他们就更可能为品牌辩解，进而认为其情有可原。而全球化形象的道歉框架强调的却是全球品牌的全球化形象和经营，这就会拉远与当地消费者之间的心理距离，使得他们将全球品牌视为“外群体品牌”，从而引发他们的“外群体贬损”，因此，他们就更可能对品牌做出苛刻评价，认为其行为难以原谅。换言之，感知心理距离在其中起着完全中介的作用。

然而，只有当全球品牌犯的是能力错误时，这种道歉框架效应才会存在，而当犯的是道德错误时，这种效应将会消失。因为能力错误往往是由于能力上的暂时不足所导致的，主观故意性相对较小，且在未来改善的可能性也大，因此，当犯了这种类型的错误时，消费者更可能为心理距离更近（本土化形象的道歉框架）的全球品牌找到辩解的理由，从而更易宽恕该品牌。而道德错误往往是由于主观上的价值观偏差所导致的，主观故意性明显更大，且在未来改善的可能性相对也更小，此时，无论是采用本土化形象还是全球化形象的道歉框架，都难以拉近品牌与消费者之间的心理距离，因此，消费者的宽恕意愿将不会存在显著差异。

第二节　研究贡献

一、理论贡献

第一，现有的文化混搭研究主要是从混搭文化本身的特征（Cheon et al., 2016；Peng and Xie, 2016）、消费者个体特征（Shi et al., 2016；Chen et al., 2016），以及外部环境特征（Leung and Chiu, 2010；Cheng, 2010）着手探讨哪些因素会影响消费者对文化混搭的排斥性或融合性反应，但很少去研究文化混搭的特征，尤其是混搭的不同文化符号的相对物理位置对消费者文化混搭态度的影响。根据两种或更多文化符号之间的物理位置和交互，文化混搭可以呈现出不同的形式（Hao et al.，2016），而以往研究中涉及的文化混搭现象，混搭的不同文化符号基本处于同一水平位置，还没有研究探讨混搭的不同文化符号在垂直空间的相对上下位置是否，以及将会如何影响消费者的态度。本研究率先关注了上下意象图式，即混搭的外国文化符号与母国文化符号之间的相对上下位置对消费者的文化混搭态度的影响，实现了从一个全新的视角来探讨文化混搭现象，这是对现有文化混搭研究的进一步拓展。

第二，以往的研究指出，消费者可能对文化混搭持排斥性反应，也可能表现出融合性反应。而只有当消费者感知到外国文化有可能威胁到其母国文化时，才会对这样的文化混搭产生排斥性反应（Torelli et al.，2011；Li et al.，2013）。然而，对于在文化混搭情境下，消费者究竟在什么情况下会感知到外国文化可能威胁其母国文化却并不清楚。本研究就揭示出，当消费者感知到外国文化既有威胁母国文化的意图，又有实现该意图的能力时，就会对该外国文化和母国文化的混搭表现出负面反应。这也揭示出了消费者对外国文化的流入持负面态度的内在机理，从而丰富了现有的全球化文化影响研究。

第三，本研究还分别从消费者角度、混搭文化角度及企业角度为研究主效应找到了可能存在的边界条件或调节变量。最后的研究结论表明，只有对于高支配性个体来说，当混搭的文化符号的文化象征性意义高，以及处于上方的文化符号不会小于处于下方的文化符号时，消费者才更可能由文化符号的相对上下位置做出相应的强弱势推断，进而引发他们不同程度的文化威胁感知，从而导致他们对采用“外国文化—母国文化”混搭方式时文化混搭的评价明显低于采用“母国文化—外国文化”混搭方式的文化混搭；而对于低支配性个体来说，当混搭的文化符号的文化象征性意义低，以及处于上方的文化符号明显小于处于下方的文化符号时，将不会存在上述主效应。这就为研究主效应找到了可能存在的边界条件，进而增强了最后得出的研究结论的普适性与权变性。

第四，本研究首次探讨了品牌犯错情境下，文化混搭对消费者宽恕意愿的影响。纵观以往的文化混搭研究，其研究情境都是在一般情况下，探讨消费者对当地文化和外国文化混搭品牌的反应（Chiu et al.，2011），以及如何削弱甚至避免消费者对这样的文化混搭品牌产生负面反应，以尽可能增强他们的正面反应（Hao et al.，2016；彭璐珞等，2017）。却没有研究去探讨过，当当地文化和外国文化混搭品牌犯错时，消费者会做何反应，是会因为涉及当地文化而对品牌网开一面，还是会因为连累了当地文化而认为品牌罪加一等。本研究就首次探讨了在品牌犯错的情境下，文化混搭对消费者宽恕意愿的影响，及其潜在的作用机制和可能存在的调节变量，这就为文化混搭研究提供了一个新的视角和方向，进一步丰富了现有的文化混搭相关研究。

第五，本研究首次探讨了消费者对非文化混搭品牌和文化混搭品牌犯错的差异化态度，并提出了企业的事后应对策略。以往的品牌犯错相关研究多数探讨的是品牌犯错后企业应对策略的选择，是沉默、道歉、否认还是补偿（Bottom et al.，2002；Ferrin et al.，2007；Bamber and Parry，2016）。而企业只有深入了解消费者对品牌犯错的态度，才能更好地选择应对策略。以往的研究发现，消费者对不同类型的品牌（如不同个性、关系及是否拟人化等）犯错会表现出明显差异化的态度（Coombs and Holladay，2006；Dawar and Lei，

2009；Cheng et al.，2012；Puzakova et al.，2013），却没有研究过消费者对文化混搭品牌和非文化混搭品牌犯错是否会存在差异化反应。本研究发现，当犯的是能力错误时，当地文化元素的运用能够拉近品牌与消费者之间的心理距离，进而削弱他们对品牌犯错的负面反应；而当犯的是道德错误时，这种心理距离的拉近反而会使消费者更加难以容忍文化混搭品牌犯错。这是对现有品牌犯错研究的进一步丰富和拓展。

第六，本研究首次探讨了品牌犯错情境下当地文化元素的运用对全球品牌的影响。先前有关品牌国际化的研究指出，全球品牌在国际化的过程中既要努力维持一种全球性感知，又应当考虑它的本土象征性，以适应当地口味（Özsomer，2012；何佳讯等，2014）。因此，很多全球品牌在进入东道国市场时都会选择在产品或营销设计中运用当地文化元素（He and Wang，2017）。而以往研究的主要是全球品牌如何选择（王晓珍等，2017；He and Wang，2017），以及如何运用当地文化元素（Zhou and Belk，2004；何佳讯等，2014），才能达到更好的效果，却没有研究过当这样的全球品牌犯错时，当地文化元素的运用是会缓解还是会加剧消费者的负面态度。本研究就首次探讨了这个问题，结果发现，当犯的是能力错误时，当地文化元素的运用有助于缓解消费者对全球品牌的负面态度，而当犯的是道德错误时，则会加剧消费者对全球品牌的负面反应。这进一步拓展了现有的品牌国际化研究。

第七，根据跨国公司实施全球品牌化战略的特点，本研究首次在品牌犯错情境下，提出了全球品牌的两种不同道歉框架策略。其中，本土化形象的道歉框架策略主要强调的是全球品牌的本土形象和本土化经营，而全球化形象的道歉框架策略则着重突出的是全球品牌的全球形象和全球化经营。以往的品牌犯错研究，虽然也提出了一些不同的道歉框架策略，如抽象和具体框架，强调的是企业提供的道歉信息是抽象的还是具体的（Schreurs and Hamstra，2020），以及情感和信息框架，突出的则是企业的道歉信息是偏向感性还是理性（Ran et al.，2016；Lee et al.，2021），但这些道歉框架策略只考虑了犯错事件特征的影响，并未注意到品牌特征对道歉框架策略的影响。而本研究就率先根据全球品牌的特征提出了本土化形象和全球化形象这两种道歉框架策略。

第八，本研究基于品牌犯错的视角，以解释水平理论为基础，深入探讨了全球品牌的两种道歉框架策略对消费者宽恕意愿的影响，这是对现有的品牌犯错研究的进一步深化和拓展。纵观以往关于道歉有效性的研究，其主要从道歉主体特征（Brinke and Adams，2015；Wei and Ran，2019）、犯错事件特征（Racine et al.，2018；Wynes，2021），以及道歉客体特征（Wang et al.，2016）进行探讨，而较少关注道歉本身，尤其是信息特征的影响。而本研究就首次探讨了全球品牌的两种不同道歉框架策略会如何影响消费者的宽恕意愿，结果表明，本土化形象和全球化形象的道歉框架会引发消费者不同的心理距离感知，进而引发他们对品牌的差异化态度。这进一步丰富了现有品牌犯错相关领域的研究。

第九，本研究首次在品牌犯错的情境下，探讨了全球品牌在国际化过程中的全球化和当地化战略的选择问题。以往关于品牌国际化的研究指出，全球品牌在国际化过程中面临的一个关键问题是全球化还是当地化的战略选择（Nie and Wang，2021）。因此，相关研究集中探讨的是哪些因素会影响全球品牌的战略选择，以及战略具体应该如何实施（Theodosiou and Leondou，2003）。换言之，当前的相关研究探讨的都是一般情境，而对于品牌犯错情境下的战略选择问题却并未进行过探讨。而本研究就基于品牌犯错的视角，探讨了当全球品牌犯错时，品牌在这两种战略中究竟该如何做选择。这就为品牌国际化的相关研究开辟了一个全新的视角，是对现有研究的进一步深化和拓展。

二、管理启示

第一，本研究可为企业的文化混搭设计提供重要的指导和建议。随着经济全球化的发展，企业在产品设计及营销传播当中越来越多地进行文化混搭，但具体应该如何进行文化混搭设计才能获得更好的效果，企业却并不是十分清楚。而本研究就提示企业，在进行文化混搭设计时应该特别注意文化符号的相对物理位置，因为这会影响消费者对文化混搭的评价。具体来说，混搭的文化符号相互并列、平行排列，会给消费者一种平等、友好的感知，而若是垂直上下排列，则有可能引发关于文化的强弱势感知，尤其对于外国文化与母国文化的混搭来说，这就有可能引发消费者对于外国文化威胁母国文化的担忧，从而导致负面的文化混搭评价。因此，建议企业在进行文化混搭设计时，可让母国文化符号在上而外国文化符号在下，或是尽量让两者之间平行排列，以提高消费者的文化混搭评价。

第二，本研究还提示企业，在进行文化混搭设计时，也需要综合考虑消费者的个体特征和混搭的文化符号的特征，这些都会影响消费者对于文化混搭的态度。具体来说，当企业采用的是外国文化在上而母国文化在下的文化混搭设计时，可以通过选择文化象征意义相对较低的文化符号来进行混搭，比如以实用性为目的的文化符号，而要避免选择涉及价值观、道德领域的文化符号。与此同时，在设计过程中还要特别注意混搭的文化符号的相对大小，当采用外国文化在上而母国文化在下的文化混搭设计时，可以通过调整文化符号的相对大小来削弱甚至避免消费者的负面反应，即将处于下方的母国文化符号设计得明显大于处于上方的外国文化符号，而不宜把处于上方的外国文化符号设计得明显大于处于下方的母国文化符号，以免加剧消费者的负面态度。此外，企业也可通过削弱消费者的支配性倾向或权势感知来降低他们可能产生的负面反应。而当采用的是母国文化在上而外国文化在下的文化混搭设计时，则可通过增强消费者的支配性倾向或权势感知来提高他们的评价。

第三，本研究可为企业应用国家文化元素促进品牌国际化提出相关指导与建议。随着中国文化越来越受到世界人民的喜爱，一些中国品牌在国际化过程中也开始融入中国文化元素，以获得当地消费者对品牌的独特性感知，但总体而言，这样做的品牌还是凤毛麟角。究其原因，主要是担心应用不当会造成适得其反的结果。而本研究就提示这些中国品牌，在国际化过程中应用中国文化元素需特别注意，避免给当地消费者造成一种强势或侵略性的感知，以免触发他们的文化威胁忧虑，积极展现出一种彼此平等、相互尊重的文化交流态度，促使当地消费者以一种更加开放、积极的态度去看待外国文化的流入，以及相关的文化混搭现象。

第四，本研究有助于全球品牌更好地提高自己的道歉有效性。当全球品牌犯错后必须采取道歉的方式做出回应时，如何提高道歉有效性就变得十分重要。除了要选择恰当的道歉时机和合适的道歉发言人，更重要的是精心设计道歉内容。本研究指出，全球品牌在设计道歉内容时，应综合考虑品牌的相关特征和犯错事件的特征来形成自己的道歉形象框架，因为不同的道歉形象框架将给消费者传达出不一样的形象，进而影响他们对品牌的态度。很多全球品牌不仅拥有实力强大的全球形象，还有适应当地的本土形象，即便是在犯错情境下，全球品牌也可充分利用这些形象来为自己服务。通过本土化形象的道歉框架突出自己的本土化形象和经营，通过全球化形象的道歉框架突出自己的全球化形象和经营，并根据犯错类型来决定究竟采用哪种道歉形象框架，以提高道歉的有效性。

第五，本研究可为全球品牌的危机管理提出重要的指导和建议。对于当地消费者来说，全球品牌是一个外来者，也就是说，他们感知到自己与全球品牌的心理距离较远，而这会使得他们对犯错后的品牌更严苛。而本研究指出，当全球品牌犯错时，可以通过采取一系列措施来拉近与当地消费者之间的心理距离，如在应对策略中应用一些当地文化元素等。如此一来，消费者就更可能将全球品牌视为“内群体品牌”，进而产生“内群体偏爱”，从而原谅该品牌。但这样的做法也并非在任何时候都奏效，只有当全球品牌是因客观能力不足而犯错时，消费者才可能网开一面。若是因主观上的价值偏差犯错，消费者反而会因“亲者痛”更加难以原谅，此时全球品牌在危机沟通过程中就该体现“高冷”态度，如尽量避免使用当地的一些代表性元素，以适当地疏远与当地消费者之间的心理距离。

第三节　研究局限与未来展望

本研究也存在一些不足与局限之处，还有待未来进一步探讨。具体来说，有以下五个方面。

第一，本研究主要通过实验室实验来验证提出的研究模型与假设，对于最后得出的研究结论是否能直接推广到现实生活当中，还需后续研究进一步探讨与验证。

第二，研究中的文化混搭刺激物中涉及的外国文化，只选择了美国作为样本，并且只选择了麦当劳、自由女神、总统山作为混搭的文化符号，未来研究可选择其他国家作为样本，并选择更多的代表性文化符号来进行文化混搭设计，以提高本研究得出的结论的普适性。

第三，虽然根据恐惧管理理论可知，人类具有保护自身文化的纯洁性与连续性的本能（Cui et al.，2016；Nie and Wang，2021），但是先前也有研究指出，某一文化在长期历史中所处的地位，会影响个体的文化连续性忧虑程度，相比文化输出国，文化输入国将会表现出明显更强的文化忧虑（Cheng，2010）。本研究的结论主要适用于作为文化输入国的新兴市场国家，对于作为文化输出国的发达国家的适用性也有必要再验证。

第四，研究中采用的全球品牌主要涉及的是日用品和娱乐产品，未来研究可选择其他产品类型的全球品牌作为实验刺激物，以提高本研究得出的结论的普适性。

第五，本研究主要探讨了犯错类型对全球品牌犯错效应和道歉框架效应的调节作用，未来的研究可进一步探讨消费者的个体特征及企业的相关特征是否也会对此产生调节影响，以更清晰地界定出本研究效应存在的边界，还可为全球品牌的危机管理实践提出更为有效的指导及建议。

参考文献

［1］陈思思，克燕南，蒋奖，等．权力概念的垂直方位空间隐喻对权力判断的影响［J］．心理科学，2014（2）：388–393.

［2］冯文婷，汪涛，周名丁，等．垂直线索对放纵消费的影响——基于道德隐喻的视角［J］．营销科学学报，2016（2）：30–42.

［3］郭晓凌，谢毅，王彬，等．文化混搭产品的消费者反应研究［J］．管理科学，2019（4）：130–144.

［4］何佳讯，吴漪，谢润琦．中国元素是否有效：全球品牌全球本土化战略的消费者态度研究——基于刻板印象一致性视角［J］．华东师范大学学报（哲学社会科学版），2014（5）：131–145.

［5］韩冰，王良燕，余明阳．社会阶层与品牌危机类型对品牌评价及购买意愿的影响探究［J］．管理评论，2018（2）：212–221.

［6］黄静，王诚，曾一帆．感官品牌传播策略研究述评［J］．统计与决策，2012（9）：172–178.

［7］和秀梅，张夏妮，张积家，等．文化图式影响亲属词语义加工中的空间隐喻——来自汉族人和摩梭人的证据［J］．心理学报，2015（5）：584–599.

［8］鲁忠义，贾利宁，翟冬雪．道德概念垂直空间隐喻理解中的映射：双向性及不平衡性［J］．心理学报，2017（2）：186–196.

［9］吕军梅，鲁忠义．为什么快乐在“上”，悲伤在“下”——语篇阅读中情绪的垂直空间隐喻［J］．心理科学，2013（2）：328–334.

［10］刘英为，汪涛，聂春艳，等．如何应用国家文化原型实现品牌的国际化传播——基于中国品牌海外社交媒体广告的多案例研究［J］．管理世界，2020（1）：88–104.

［11］李惠娟，张积家，张瑞芯．上下意象图式对羌族亲属词认知的影响［J］．心理学报，2014（4）：481–491.

［12］孟繁怡，傅慧芬．中国品牌利用文化元素改善外国消费者品牌态度的路径研究［J］．外国经济与管理，2016（4）：49–62.

［13］聂春艳，汪涛，赵鹏，等．解释框架对文化混搭产品评价的影响——比较焦点和解释策略的调节效应［J］．心理学报，2018（12）：1438–1448.

［14］彭璐珞．理解消费者对文化混搭的态度：一个文化分域的视角［D］：北京：北京大学，2013.

［15］彭璐珞，赵娜．文化混搭的动理：混搭的反应方式、影响因素、心理后果及动态过程［J］．中国社会心理学评论，2013（9）：19 – 62.

［16］彭璐珞，郑晓莹，彭泗清．文化混合：研究现状与发展方向［J］．心理科学进展，2017（7）：1240–1250.

［17］冉雅璇，卫海英，Maglio S J，等．“单枪匹马”还是“人多势众”——企业道歉者人数对消费者宽恕的影响［J］．南开管理评论，2017（4）：38–48.

［18］魏华，段海岑，周宗奎．具身认知视角下的消费者行为［J］．心理科学进展，2018（7）：1294–1306.

［19］王锃，鲁忠义．道德概念的垂直空间隐喻及其对认知的影响［J］．心理学报，2013（5）：538–545.

［20］吴念阳，李艳，徐凝婷．上下意象图式向抽象概念映射的心理现实性研究［J］．心理科学，2008（3）：605–608.

［21］吴念阳，刘慧敏，徐凝婷．褒贬义形容词的垂直方位表征［J］．心理科学，2009（3）：607–610.

［22］吴莹，杨宜音，赵志裕．全球化背景下的文化排斥反应［J］．心理科学进展，2014（4）：721–730.

［23］武向慈，王恩国．权力概念加工对视觉空间注意定向的影响：一个ERP证据［J］．心理学报，2014（12）：1871–1879.

［24］黄静，王新刚，童泽林．空间和社交距离对犯错品牌评价的影响［J］．中国软科学，2011（7）：123–130.

［25］魏华，段海岑，周宗奎．具身认知视角下的消费者行为［J］．心理科学进展，2018（7）：1294–1306.

［26］吴波，李东进，杜立婷．消费者品牌感知研究——对品牌意图能动框架的延伸［J］．管理评论，2015（2）：87–98.

［27］魏华，汪涛，冯文婷，等．文字品牌标识正斜对消费者知觉和态度的影响［J］．管理评论，2018（2）：136–145.

［28］王晓珍，叶靖雅，杨拴林．国际品牌的中国元素运用对消费者购买意愿的影响路径研究［J］．中央财经大学学报，2017（2）：120–128.

［29］徐岚，李振全，蒋怡然，等．品牌犯错情境下的自黑式回应策略［J］．中国工业经济，2018（1）：174–192.

［30］叶浩生．多元文化论与跨文化心理学的发展［J］．心理科学进展，2004（1）：144–151.

［31］叶浩生．有关具身认知思潮的理论心理学思考［J］．心理学报，2011（5）：589–598.

［32］杨蕙兰，何先友，赵雪汝，等．权力的概念隐喻表征：来自大小与颜色隐喻的证据［J］．心理学报，2015（7）：939–949.

［33］杨晓莉，刘力，张笑笑．双文化个体的文化框架转换：影

响因素与结果［J］. 心理科学与进展，2010（5）：840-848.

［34］钟毅平，陈海洪. 心理距离对道德行为判断的影响［J］. 心理学探新，2013（1）：43-46.

［35］张积家，何本炫，陈栩茜. "上下意象图式"对汉语成语感情色彩加工的影响［J］. 心理学探新，2011（2）：144-149.

［36］邹智敏，江叶诗. 文化会聚主义：一种关系型的文化心理定势［J］. 中国社会心理学评论，2015（9）：63-96.

［37］周懿瑾，林婕，汪妍延. 伙伴 VS 仆人：不同品牌关系下消费者对品牌犯错和道歉的态度［J］. 管理评论，2021（2）：195-206.

［38］周南，王殿文. 显著的植入式广告能带来更好的品牌态度吗——植入式广告显著性影响机制研究［J］. 南开管理评论，2014（2）：142-152.

［39］张晓娟，王新刚，童泽林. 企业家前台化行为动机感知、消费者——品牌关系距离与公司品牌评价［J］. 统计与决策，2015（24）：193-195.

［40］钟科，王海忠，杨晨. 感官营销战略在服务失败中的运用：触觉体验缓解顾客抱怨的实证研究［J］. 中国工业经济，2014（1）：114-126.

［41］钟科，王海忠，杨晨. 感官营销研究综述与展望［J］. 外国经济与管理，2016（5）：69-85.

［42］郑皓元，叶浩生，苏得权. 有关具身认知的三种理论模型［J］. 心理学探新，2017（3）：195-199.

［43］Aron A，Aron E N，Smollan D. Inclusion of other in the self scale and the structure of interpersonal closeness［J］. Journal of Personality & Social Psychology，1992，63（4）：596-612.

［44］Anderson C，Berdahl J L. The experience of power：Examining the effects of power on approach and inhibition tendencies [J] . Journal of Personality and Social Psychology, 2002, 83, (6): 1362 - 1377.

[45] Aaker J, Fournier S, Brasel S A. When good brands do bad [J]. Journal of Consumer Research, 2004, 31 (1): 1–16.

[46] Atran S, Ginges J. Religious and sacred imperatives in human conflict [J] . Science, 2012, 336 (6083): 855–857.

[47] Arndt J, Greenberg J, Solomon S, et al. Creativity and terror management: Evidence that creative activity increases guilt and social projection following mortality salience [J] . Journal of Personality and Social Psychology, 1999, 77 (1): 19–32.

[48] Anderson C, John O P, Keltner D, et al. Who attains social status? Effects of personality and physical attractiveness in social groups [J] . Journal of Personality and Social Psychology, 2001, 81 (1): 116 - 132.

[49] Alden D L, Steenkamp J B E M, Batra R. Brand positioning through advertising in Asia, North America, and Europe: The role of global consumer culture [J] . Journal of Marketing, 1999, 63 (1): 75–87.

[50] Bentley J M.What counts as an apology? Exploring stakeholder perceptions in a hypothetical organizational crisis [J] . Management Communication Quarterly, 2018, 32 (2): 202–232.

[51] Brinke L, Adams G S. Saving face? When emotion displays during public apologies mitigate damage to organizational performance [J]. Organizational Behavior and Human Decision Processes, 2015, 130 (1): 1–12.

［52］Benoit W L, Drew S. Appropriateness and effectiveness of image repair strategies［J］. Communication Studies, 1997, 39（1）: 153–163.

［53］Boroditsky L, Fuhrman O, McCormick K. Do English and Mandarin speakers think about time differently?［J］. Cognition, 2011, 118（1）: 123–129.

［54］Bottom W P, Gibson K, Daniels S E, et al. When talk is not cheap: Substantive penance and expressions of intent in rebuilding cooperation［J］. Organization Science, 2002, 13（5）: 497–513.

［55］Bar–Anan Y, Liberman N, Trope Y. The association between psychological distance and construal level: Evidence from an implicit association test［J］. Journal of Experimental Psychology: General, 2006, 135（4）: 609–622.

［56］Bamber M, Parry S. A study of the employment of denial during a complex and unstable crisis involving multiple actors［J］. International Journal of Business Communication, 2016, 53（3）: 343–366.

［57］Clark H H. Space, time, semantics, and the child［M］// Moore T. Cognitive development and the acquisition of language. New York: Academic Press, 1973.

［58］Cheng Y Y. Social psychology of globalization: Joint activation of cultures and reactions to foreign cultural influence［D］. Illinois: University of Illinois at Urbana–Champaign, 2010.

［59］Casasanto D, Chrysikou E. When left is "right": Motor fluency shapes abstract concepts［J］. Psychological Science, 2011, 22（4）: 419–422.

［60］Choi J, Chung W. Analysis of the interactive relationship between apology and product involvement in crisis communication: An experimental study on the toyota recall crisis [J]. Journal of Business and Technical Communication, 2013, 27 (1): 3-31.

[61] Claeys A S, Cauberghe V. What makes crisis response strategies work? The impact of crisis involvement and message framing [J]. Journal of Business Research, 2014, 67 (2): 182 - 189.

[62] Cheon B K, Christopoulos G I, Hong Y Y. Disgust associated with cultural mixing: Why and who? [J] Journal of Cross-Cultural Psychology, 2016, 47 (10): 1268-1285.

[63] Cuddy A J C, Fiske S T, Glick P. Warmth and competence as universal dimensions of social perception: The stereotype content model and the BIAS map [J]. Advances in Experimental Social Psychology, 2008, 40: 61-149.

[64] Chiu C Y, Gries P, Torelli C J, et al. Toward a social psychology of globalization [J]. Journal of Social Issues, 2011, 67 (4): 663-676.

[65] Chiu C Y, Hong Y Y. Social psychology of culture [M]. New York: Psychology Press, 2006.

[66] Coombs W T, Holladay S J.Unpacking the halo effect: Reputation and crisis management [J]. Journal of Communication Management, 2006, 10 (2): 123-137.

[67] Chae B, Hoegg J. The future looks "right": Effects of the horizontal location of advertising images on product attitude [J]. Journal of Cconsumer Research, 2013, 40 (2): 223-238.

[68] Cian L, Krishna A, Elder R S. This logo moves me: Dynamic imagery from static images [J]. Journal of Marketing Research, 2014,

51（2）: 184–197.

［69］Cian L，Krishna A，Schwarz N. Positioning rationality and emotion: Rationality is up and emotion is down［J］. Journal of Consumer Research, 2015，42（4）: 632–651.

［70］Connors S，Khamitov M，Thomson M，et al. They're just not that into you: How to leverage existing consumer–brand relationships through social psychological distance［J］. Journal of Marketing, 2021, 88（5）: 92 - 108.

［71］Chao M M，Kung F Y H，Yao D J D. Understanding the divergent effects of multicultural exposure［J］. International Journal of Intercultural Relations, 2015, 47: 78–88.

［72］Cheng C Y，Leung A K Y. Revisiting the multicultural experience–creativity link: The effects of perceived cultural distance and comparison mind–set［J］. Social Psychological and Personality Science, 2012，4（4）: 475–482.

［73］Cheng C Y，Leung A K Y，Wu T Y. Going beyond the multicultural experience–creativity link: The mediating role of emotions［J］. Journal of Social Issues, 2011, 67（4）: 806–824.

［74］Chen X，Leung A K Y，Yang D Y J，et al. Cultural threats in culturally mixed encounters hamper creative performance for individuals with lower openness to experience［J］. Journal of Cross–Cultural Psychology, 2016，47（10）: 1321–1334.

［75］Chiu C Y，Mallorie L，Keh H T，et al. Perceptions of culture in multicultural space: Joint presentation of images from two cultures increases in–group attribution of culture–typical characteristics［J］. Journal of Cross–Cultural Psychology, 2009，40（2）: 282–300.

[76] Cho J, Morris M W, Slepian M L, et al. Choosing fusion: The effects of diversity ideologies on preference for culturally mixed experiences [J]. Journal of Experimental Social Psychology, 2017, 69: 163–171.

[77] Cacioppo T J, Petty R E. The need for cognition [J]. Journal of Personality and Social Psychology, 1982, 42 (1): 116–131.

[78] Castagna A C, Pinto D C, Mattila A, et al. Beauty–is–good, ugly–is–risky: Food aesthetics bias and construal level [J]. Journal of Business Research, 2021, 135 (C): 633 – 643.

[79] Choi W J, Winterich K. Can brands move in from the outside? How moral identity enhances out–group brand attitudes [J]. Journal of Marketing, 2013, 77 (3): 97 – 111.

[80] Cheng S Y Y, White T B, Chaplin L N. The effects of self–brand connections on responses to brand failure: A new look at the consumer–brand relationship [J]. Journal of Consumer Psychology, 2012, 22 (2): 280–288.

[81] Cui N, Xu L, Wang T, et al. How does framing strategy affect evaluation of culturally mixed products? The self–other asymmetry effect [J]. Journal of Cross–Cultural Psychology, 2016, 47 (10): 1307–1320.

[82] Yang J, Shi Y, Luo Y L L, et al. The brief implicit association test is valid: Experimental evidence [J]. Social Cognition, 2014, 32(5): 449–465.

[83] Douglas S P, Craig C S. Convergence and divergence: Developing a semiglobal marketing strategy [J]. Journal of International Marketing, 2011, 19 (1): 82–101.

[84] Davvetas V, Diamantopoulos A, Liu L. "Lit up or dimmed down? " Why, when and how regret anticipation affects consumers' use of the global brand halo [J] . Journal of International Marketing, 2020, 28 (2): 40–63.

[85] Davvetas V, Halkias G. Global and local brand stereotypes: Formation, content transfer, and impact [J] . International Marketing Review, 2019, 36 (5): 675–701.

[86] Dimofte C V, Johansson J K, Ronkainen I A. Cognitive and affective reactions of U. S. consumers to global brands [J] . Journal of International Marketing, 2008, 16 (4): 113–135.

[87] Dawar N, Lei J. Brand crises: The roles of brand familiarity and crisis relevance in determining the impact on brand evaluations [J] . Journal of Business Research, 2009, 62 (4): 509–516.

[88] Dutta S, Pullig C. Effectiveness of corporate responses to brand crises: The role of crisis type and response strategies [J] . Journal of Business Research, 2011, 64 (12): 1281–1287.

[89] Doorn J V, Verhoef P C. Critical incidents and the impacts of satisfaction on customer share [J] . Journal of Marketing, 2008, 72 (4): 123–142.

[90] Evans V. Cognitive linguistics: An introduction [M] . Scotland, SCOT: Edinburgh University Press, 2006.

[91] Escalas J E, Bettman J R. You are what they eat: The influence of reference groups on consumers' connections to brands [J] . Journal of Consumer Psychology, 2003, 13 (3): 339–348.

[92] Eyal T, Liberman N, Trope Y. Judging near and distance virtue and vice [J] . Journal of Experimental Social Psychology, 2008, 44 (4):

1204–1209.

[93] Fiske A P. The four elementary forms of sociality: Framework for a unified theory of social relations [J] . Psychological Review, 1992, 99 (4): 689 - 723.

[94] Fiske A P. Four modes of constituting relationships: Consubstantial assimilation; space, magnitude, time, and force; concrete procedures; abstract symbolism [M] // Haslam N. Relational models theory. A contemporary overview. Mahwah, NJ: Erlbaum, 2004.

[95] Feist G J. A meta–analysis of the impact of personality on scientific and artistic creativity [J] . Personality and Social Psychological Review, 1998, 2 (4): 290–309.

[96] Feist G J, Brady T R. Openness to experience, non–conformity, and the preference for abstract art [J] . Empirical Studies of the Arts, 2004, 22 (1): 77–89.

[97] Frantz C M, Bennigson C. Better late than early: The infiuence of timing on apology effectiveness [J] . Journal of Experimental Social Psychology, 2005, 41 (2): 201 - 207.

[98] Fu H J, Chiu C Y. Local culture's responses to globalization: Exemplary persons and their attendant values [J] . Journal of Cross–Cultural Psychology, 2007, 38 (5): 636–653.

[99] Ferrin D L, Kim P H, Cooper C D, et al. Silence speaks volumes: The effectiveness of reticence in comparison to apology and denial for responding to integrity– and competence –based trust violations [J] . Journal of Applied Psychology, 2007, 92 (4): 893–908.

[100] Fiske S T, Cuddy A J C, Glick P. Universal dimensions of social cognition: warmth and competence [J] . Trends in Cognitive

Sciences, 2007, 11 (2): 77–83.

[101] Frank M G, Gilovich T. The dark side of self and social perception: Black uniforms and aggression in professional sports [J]. Journal of Personality and Social Psychology, 1988, 54 (1): 74–85.

[102] Fetterman A K, Robinson M D. Do you use your head or follow your heart? Self-location predicts personality, emotion, decision making, and performance [J]. Journal of Personality & Social Psychology, 2013, 105 (2): 316–314.

[103] Finke R A, Ward T B, Smith S M. Creative cognition: Theory, research, and applications [M]. Cambridge, MA: MIT Press, 1992.

[104] Fu H Y, Zhang Z X, Li F, et al. Opening the mind: Effect of culture mixing on acceptance of organizational change [J]. Journal of Cross-Cultural Psychology, 2016, 47 (10): 1361–1372.

[105] Gagnon S A, Brunyé T T, Robin C, et al. High and mighty: Implicit associations between space and social status [J]. Frontiers in Psychology, 2011, 2: 1–10.

[106] Gibbs R W, Colston H L. The cognitive psychological reality of image schemas and their transformations [J]. Cognitive Linguistics, 1995, 6 (4): 347–378.

[107] Gino F, Galinsky A D. Vicarious dishonesty: When psychological closeness creates distance from one's moral compass [J]. Organizational Behavior and Human Decision Processes, 2012, 119 (1): 15–26.

[108] Gorn G J, Jiang Y, Johar G V. Babyfaces, trait inferences, and company evaluations in a public relations crisis [J]. Journal of

Consumer Research, 2008, 35 (1): 36–49.

[109] Greenberg J, Pyszczynski T, Solomon S, et al. Evidence for terror management theory II: The effects of mortality salience on reactions to those who threaten and bolster the cultural worldview [J] . Journal of Personality and Social Psychology, 1990, 58 (2): 308–318.

[110] Greenberg J, Porteus J, Simon L, et al. Evidence of a terror management function of cultural icons: The effects of mortality salience on the inappropriate use of cherished cultural symbols [J] . Personality and Social Psychology Bulletin, 1995, 21 (11): 1221–1228.

[111] Giessner S R, Schubert T W. High in the hierarchy: How vertical location and judgments of leaders' power are interrelated [J] . Organizational Behavior and Human Decision Processes, 2007, 104 (1): 30–44.

[112] Gunia B C, Sivanathan N, Galinsky A D. Vicarious entrapment: Your sunk costs, my escalation of commitment [J] . Journal of Experimental Social Psychology, 2009, 45 (6): 1238–1244.

[113] Higgins E T. Persons or situations: Unique explanatory principles or variability in general principles [M] // Cervone D, Shoda Y. The coherence of personality: Social–cognitive bases of consistency, variability, and organization. New York: Guilford Press, 1999.

[114] Hardell–Illgen S M. Crisis communication via social media : The interplay of sender, crisis type and brand type [D] . Enschede: Universiteit Twente, 2015.

[115] Hill K M, Boyd D P. Who should apologize when an employee transgresses? Source effects on apology effectiveness [J] . Journal of Business Ethics, 2015, 130: 163–170.

[116] Harush R, Lisak A, Erez M. Extending the global acculturation model to untangle the culture mixing puzzle [J]. Journal of Cross-Cultural Psychology, 2016, 47 (10): 1395-1408.

[117] Hao J, Li D M, Peng L L, et al. Advancing our understanding of culture mixing [J]. Journal of Cross-Cultural Psychology, 2016, 47 (10): 1257-1267.

[118] Huang X, Li X P, Zhang M. "Seeing" the social roles of brands: How physical positioning influences brand evaluation [J]. Journal of Consumer Psychology, 2013, 23 (4): 509-514.

[119] Hill P L, Lapsley D K. Persons and situations in the moral domain [J]. Journal of Research in Personality, 2009, 43 (2): 245-246.

[120] Holt D B, Quelch J A, Taylor E L. How global brands compete [J]. Harvard Business Review, 2004, 82 (9): 68-75.

[121] Hsiao C H, Shen G C, Chao P J. How does brand misconduct affect the brand-customer relationship [J]. Journal of Business Research, 2015, 68 (4): 862-866.

[122] He J X, Wang C L. How global brands incorporating local cultural elements increase consumer purchase likelihood: An empirical study in China [J]. International Marketing Review, 2017, 34 (4): 463-479.

[123] Hong Y, Wan C, No S, et al. Multicultural identities [M] // Kitayama S, Cohen D. Handbook of cultural psychology. New York: Guilford Press, 2007.

[124] Itani O S, Kalra A, Chaker N N, et al. "Because you are a

part of me": Assessing the effects of salesperson social media use on job outcomes and the moderating roles of moral identity and gender [J]. Industrial Marketing Management, 2021, 98: 283 - 298.

[125] Johnson M. The body in the mind: The bodily basis of meaning, imagination, and reason [M]. Chicago: The University of Chicago, 1987.

[126] Jost J T, Glaser J, Kruglanski A W, et al. Political conservatism as motivated social cognition [J]. Psychological Bulletin, 2003, 129 (3): 339 -375.

[127] Jia L, Karpen S C, Hirt E R. Beyond anti-Muslim sentiment: Opposing the Ground Zero mosque as a means to pursuing a strong America [J]. Psychological Science, 2011, 22 (10): 1327-1335.

[128] Kruglanski A W. Lay epistemics and human knowledge: Cognitive and motivational bases [M]. New York: Plenum Press, 1989.

[129] Kellerman B. When should a leader apologize and when not [J] .Harvard Business Review, 2006, 84 (4): 72-81.

[130] Kustin R A. A special theory of globalization: A review and critical evaluation of the theoretical and empirical evidence [J]. Journal of Global Marketing, 1994, 7 (3): 79-101.

[131] Kustin R A. Marketing mix standardization: A cross cultural study of four countries [J]. International Business Review, 2004, 13(5): 637-649.

[132] Kolbl Ž, Arslanagic-Kalajdzic M, Diamantopoulos A. Stereotyping global brands: Is warmth more important than competence? [J]. Journal of Business Research, 2019, 104 (C): 614 - 621.

[133] Keersmaecker J D, Assche J V, Roets A. Need for closure

effects on affective and cognitive responses to culture fusion [J]. Journal of Cross-Cultural Psychology, 2016, 47 (10): 1294-1306.

[134] Kim P H, Ferrin D L, Cooper C D, et al. Removing the shadow of suspicion: The effects of apology versus denial for repairing competence-versus integrity-based trust violations [J]. Journal of applied psychology, 2004, 89 (1): 104-118.

[135] Keltner D, Gruenfeld D H, Anderson C A. Power, approach, and inhibition [J]. Psychological Review, 2003, 110 (2): 265-284.

[136] Kwan Y Y, Li D. The exception effect: How shopping experiences with local status brands shapes reactions to culture-mixed products [J]. Journal of Cross-Cultural Psychology, 2016, 47 (10): 1373-1379.

[137] Ki E J, Nekmat E. Situational crisis communication and interactivity: Usage and effectiveness of Facebook for crisis management by Fortune 500 companies [J]. Computers in Human Behavior, 2014, 35: 140-147.

[138] Krishna A, Schwarz N. Sensory marketing, embodiment, and grounded cognition: A review and introduction [J]. Journal of Consumer Psychology, 2014, 24 (2): 159-168.

[139] Kim D H, Song D. Can brand experience shorten consumers' psychological distance toward the brand? The effect of brand experience on consumers' construal level [J]. Journal of Brand Management, 2019, 26 (3): 255 - 267.

[140] Keh H T, Torelli C J, Chiu C Y, et al. Integrative responses to culture mixing in brand name translations: The roles of product self-expressiveness and self-relevance of values among bicultural Chinese

consumers [J] . Journal of Cross-Cultural Psychology, 2016, 47 (10): 1345-1360.

[141] Kalma A P, Visser L, Peeters A. Sociable and aggressive dominance: Personality differences in leadership style [J] . Leadership Quarterly, 1993, 4 (1): 45-64.

[142] Lal D. Does modernization require westernization [J] . The Independent Review, 2000, 5 (1): 5-24.

[143] Leung A K Y, Chiu C Y. Multicultural experience, idea receptiveness, and creativity [J] . Journal of Cross-Cultural Psychology, 2010, 41 (5): 723-741.

[144] Lynott D, Coventry K. On the ups and downs of emotion: Testing between conceptual-metaphor and polarity accounts of emotional valence-spatial location interactions [J] . Psychonomic Bulletin & Review, 2014, 21 (1): 218-226.

[145] Lee S, Chung S. Corporate apology and crisis communication: The effect of responsibility admittance and sympathetic expression on public's anger relief [J] . Public Relations Review, 2012, 38 (5): 932-934.

[146] Lee H, Deng X, Unnava H R, et al. Monochrome forests and colorful trees: The effect of black-and-white versus color imagery on construal level [J] . Journal of Consumer Research, 2014, 41 (4): 1015 - 1032.

[147] Leach C W, Ellemers N, Barreto M. Group virtue: The importance of mortality (vs. competence and sociability) in the positive evaluation of in-groups [J] . Journal of Personality and Social Psychology, 2007, 93 (2): 234-249.

[148] Lakoff G, Johnson M. Metaphors we live by [M]. Chicago: The University of Chicago Press, 1980.

[149] Lakoff G, Johnson M. Philosophy in the flesh: The embodied mind & its challenge to western thought [M]. New York: Basic Books, 1999.

[150] Li D M, Kreuzbauer R, Chiu C Y. Globalization and exclusionary responses to foreign brands [M] // Ng S, Angela Y L. Handbook of culture and consumer behavior. New York, NY: Oxford University Press, 2013.

[151] Lee A Y, Labroo A A. The effect of conceptual and perceptual fluency on brand evaluation [J]. Journal of Marketing Research, 2004, 41 (2): 151 - 165.

[152] Landau M J, Meier B P, Keefer L A. A metaphor-enriched social cognition [J]. Psychological Bulletin, 2010, 136 (6): 1045-1067.

[153] Leung A K Y, Maddux W W, Galinsky A D, et al. Multicultural experience enhances creativity: The when and how [J]. American Psychologist, 2008, 63 (3): 169-181.

[154] Lwin M O, Pang A, Loh J Q, et al. Is saying 'sorry' enough? Examining the effects of apology typologies by organizations on consumer responses [J]. Asian Journal of Communication, 2017, 27 (1): 49-64.

[155] Leung A K Y, Qiu L, Chiu C Y. The psychological science of globalization [M] // Hong Y Y, Benet-Mart ı nez V. Oxford handbook of multicultural identity: Basic and applied perspectives. Oxford: Oxford University Press, 2014.

［156］Lee S Y，Sung Y H，Choi D，et al. Surviving a crisis：How crisis type and psychological distance can inform corporate crisis responses［J］. Journal of Business Ethics，2021，168：795–811.

［157］Liberman N，Sagristano M D，Trope Y. The effect of temporal distance on level of mental construal［J］. Journal of Experimental Social Psychology，2002，38（6）：523– 534.

［158］Lakoff G，Turner M. More than cool reason：A field guide to poetic metaphor［M］. Chicago：University of Chicago press，1989.

［159］Liberman N，Trope Y，Wakslak C. Construal level theory and consumer behavior［J］. Journal of Consumer Psychology，2007，17（2）：113–117.

［160］Mehrabian A. Pleasure–arousal–dominance：A general framework for describing and measuring individual differences in temperament［J］. Current Psychology：Developmental，Learning，Personality，Social，1996，14（4）：261–292.

［161］Mandler J M，C á novas C P. On defining image schemas［J］. Language and Cognition，2014，6（4）：510–532.

［162］Morris M W，Chiu C Y，Liu Z. Polycultural psychology［J］. Annual Review of Psychology，2015，66（1）：631–659.

［163］Marina P，Hyokjin K，Joseph F R. When humanizing brands goes wrong：The detrimental effect of brand anthropomorphization amid product wrong doings［J］. Journal of Marketing，2013，77（5）：81–100.

［164］Meier B P，Hauser D J，Robinson M D，et al. What's "Up" with God？ Vertical space as a representation of the divine［J］. Journal of Personality and Social Psychology，2007，93（5）：699–710.

[165] McGregor H, Lieberman J D, Solomon S, et al. Terror management and aggression: Evidence that mortality salience motivates aggression against worldview threatening others [J]. Journal of Personality and Social Psychology, 1998, 74 (3): 590–605.

[166] Morris M W, Mok A, Mor S. Cultural identity threat: The role of cultural identifications in moderating closure responses to foreign cultural inflow [J]. Journal of Social Issues, 2011, 67 (4): 760–773.

[167] Meier B P, Robinson M D. Why the sunny side is up: Associations between affect and vertical position [J]. Psychological Science, 2004, 15 (4): 243–247.

[168] Mirowsky J, Ross C E. The multidimensionality of psychopathology in a community sample [J]. American Journal of Community Psychology, 1983, 11: 573 - 591.

[169] Moeller S K, Robinson M D, Zabelina D L. Personality dominance and preferential use of the vertical dimension of space [J]. Psychological Science, 2008, 19 (4): 355–361.

[170] Martin L, Shao B. Early immersive culture mixing: The key to understanding cognitive and identity differences among multiculturals [J]. Journal of Cross–Cultural Psychology, 2016, 47 (10): 1409–1429.

[171] Meier B P, Sellbom M, Wygant D B. Failing to take the moral high ground: Psychopathy and the vertical representation of morality [J]. Personality and Individual Differences, 2007, 43 (4): 757–767.

[172] Nelson L D, Simmons J P. On southbound ease and northbound fees: Literal consequences of the metaphoric link between vertical position and cardinal direction [J]. Journal of Marketing Research, 2009, 46(6): 715–724.

[173] Nussbaum S, Trope Y, Liberman N. Creeping dispositionism: The temporal dynamics of behavior prediction [J]. Journal of Personality and Social Psychology, 2003, 84 (3): 485–497.

[174] Nie C Y, Wang T. How global brands incorporate local cultural elements to improve brand evaluations: A perspective on cultural mixing [J]. International Marketing Review, 2021, 38 (1): 163–183.

[175] Oakley T. Image schemas [M] // Geeraerts D, Cuyckens H. The Oxford handbook of cognitive linguistics. Oxford: Oxford University Press, 2007.

[176] Özsomer A. The interplay between global and local brands: A closer look at perceived brand globalness and local iconness [J]. Journal of International Marketing, 2012, 20 (2): 72–95.

[177] Özsomer A, Altaras S. Global brand purchase likelihood: A critical synthesis and an integrated conceptual framework [J]. Journal of International Marketing, 2008, 16 (4): 1–28.

[178] Overbeck J R, Tiedens L Z, Brion S. The powerful want to, the powerless have to: Perceived constraint moderates causal attributions [J]. European Journal of Social Psychology, 2006, 36 (4): 479-496.

[179] Polman E, Effron D, Thomas M. Other people's money: Money's perceived purchasing power is smaller for others than for the self [J]. Journal of Consumer Research, 2018, 45 (1): 109-125.

[180] Puzakova M, Kwak H, Rocereto J F. When humanizing brands goes wrong: The detrimental effect of brand anthropomorphization amid product wrongdoings [J]. Journal of Marketing, 2013, 77 (3): 81–100.

[181] Pratto F, Sidanius J, Stallworth L M, et al. Social dominance orientation: A personality variable predicting social and political attitudes [J] . Journal of Personality and Social Psychology, 1994, 67 (4): 741-763.

[182] Peng L L, Xie T. Making similarity versus difference comparison affects perceptions after bicultural exposure and consumer reactions to culturally mixed products [J] . Journal of Cross-Cultural Psychology, 2016, 47 (10): 1380-1394.

[183] Ryan C S, Casas J F, Thompson B K. Interethnic ideology, intergroup perceptions, and cultural orientation [J] . Journal of Social Issues, 2010, 66 (1): 29-44.

[184] Rousseau D L, Garcia-Retamero R. Identity, power and threat perception: A cross-national experimental study [J] . Journal of Conflict Resolution, 2007, 51 (5): 744-771.

[185] Rosenblatt A, Greenberg J, Solomon S, et al. Evidence for terror management theory I: The effects of mortality salience on reactions to those who violate or uphold cultural values [J] . Journal of Personality and Social Psychology, 1989, 57 (4): 681-690.

[186] Roschk H, Kaiser S. The nature of an apology: An experimental study on how to apologize after a service failure [J] . Marketing Letters, 2013, 24 (3): 293-309.

[187] Rosenthal L, Levy S R.The relation between polyculturalism and intergroup attitudes among racially and ethnically diverse adults [J] . Cultural Diversity & Ethnic Minority Psychology, 2012, 18 (1): 1-16.

[188] Riger S, LeBailly R K, Gordon M T. Community ties and urbanites' fear of crime: An ecological investigation [J] . American

Journal of Community Psychology, 1981, 9 (6): 653–665.

[189] Reber R, Schwarz N, Winkielman P. Processing fluency and aesthetic pleasure: Is beauty in the perceiver's processing experience? [J]. Personality and Social Psychology Review, 2004, 8 (4): 364–382.

[190] Ran Y, Wei H, Li Q. Forgiveness form emotion fit: Emotional frame, consumer emotion, and feeling–right in consumer decision to forgive [J]. Frontiers in Psychology, 2016, 7 (1775): 1–16.

[191] Racine M D, Wilson C, Wynes M J. The value of apology: How do corporate apologies moderate the stock market reaction to non–financial corporate crises? [J]. Journal of Business Ethics, 2018, 163: 485–505.

[192] Robinson M D, Zabelina D L, Ode S, et al. The vertical nature of dominance submission: Individual differences in vertical attention [J]. Journal of Research in Personality, 2008, 42 (4): 933–948.

[193] Schubert T W. Your highness: Vertical positions as perceptual symbols of power [J]. Journal of Personality and Social Psychology, 2005, 89 (1): 1–21.

[194] Schwartz B. Vertical classification: A study in structuralism and the sociology of knowledge [M]. Chicago: University of Chicago Press, 1981.

[195] Schwartz S H. A theory of cultural values and some implications for work [J]. Applied Psychology: An International Review, 1999, 48 (1): 23–47.

[196] Schwarz N. Meaning in context: Metacognitive experie–nces [M] // Mesquita B, Barrett L F, Smith E R. The mind in context.

New York: Guilford, 2010.

[197] Shankarmahesh M N. Consumer ethnocentrism: An integrative review of its antecedents and consequences [J]. International Marketing Review, 2006, 23 (2): 146-172.

[198] Steenkamp J B E M, Batra R, Alden D L. How perceived brand globalness creates brand value [J]. Journal of International Business Studies, 2003, 34 (1): 53-65.

[199] Schwartz D, Dodge K A, Coie J D. The emergence of chronic peer victimization in boys' play groups [J]. Child Development, 1993, 64 (6): 1755-1772.

[200] Sichtmann C, Davvetas V, Diamantopoulos A. The relational value of perceived brand globalness and localness [J]. Journal of Business Research, 2019, 104: 597-613.

[201] Schoel C, Eck J, Greifeneder R. A matter of vertical position: Consequences of ostracism differ for those above versus below its perpetrators [J]. Social Psychological and Personality Science, 2014, 5 (2): 149-157.

[202] Schreurs B, Hamstra M R. Effectively Apologizing to Consumers After a Crisis: Psychological distance and abstractness/concreteness of an organization's apology [J]. Social Cognition, 2020, 38: 367-378.

[203] Schmeichel B J, Martens A. Self-affirmation and mortality salience: Affirming values reduces worldview defense and death-thought accessibility [J]. Personality and Social Psychology Bulletin, 2005, 31 (5): 658-667.

[204] Sundar A, Noseworthy T J. Place the logo high or low?

Using conceptual metaphors of power in packaging design [J]. Journal of Marketing, 2014, 78 (5): 138-151.

[205] Swoboda B, Pennemann K, Taube M. The effects of perceived brand globalness and perceived brand localness in China: Empirical evidence on western, Asian, and domestic retailers [J]. Journal of International Marketing, 2012, 20 (4): 72-95.

[206] Sääksjärvi M, Samiee S. Relationships among brand identity, brand image and brand preference: Differences between cyber and extension retail brands over time [J]. Journal of Interactive Marketing, 2011, 25 (3): 169-177.

[207] Santelli A G, Struthers C W, Eaton J. Fit to forgive: Exploring the interaction between regulatory focus, repentance, and forgiveness [J]. Journal of Personality and Social Psychology, 2009, 96 (2): 281-394.

[208] Shi Y, Shi J, Luo Y L L, et al. Understanding exclusionary reactions toward a foreign culture: The influence of intrusive cultural mixing on implicit intergroup bias [J]. Journal of Cross-Cultural Psychology, 20161, 47 (10): 1335-1344.

[209] Shavitt S, Swan S, Lowrey T M, et al. The interaction of endorser attractiveness and involvement in persuasion depends on the goal that guides message processing [J]. Journal of Consumer Psychology, 1994, 3 (2): 137-162.

[210] Shocker A D, Srivastava R K, Ruckert R W. Challenges and opportunities facing brand management: An introduction to the special issue [J]. Journal of Marketing Research, 1994, 31 (2): 149-158.

[211] Sun Y, Wang F, Li S. Higher height, higher ability: Judgment confidence as a function of spatial height perception [J]. PLoS

ONE, 2011, 6 (7): e22125.

[212] Schubert T W, Waldzus S, Giessner S R. Control over the association of power and size [J]. Social Cognition, 2009, 27(1): 1 - 19.

[213] Tajfel H. Social psychology of intergroup relations [J]. Annual Review of Psychology, 1982, 33 (1): 1–39.

[214] Torelli C J, Ahluwalia R. Extending culturally symbolic brands: A blessing or a curse [J]. Journal of Consumer Research, 2012, 38 (5): 933–947.

[215] Torelli C J, Chiu C Y, Tam K P, et al. Exclusionary reactions to foreign cultures: Effects of simultaneous exposure to cultures in globalized space [J]. Journal of Social Issues, 2011, 67 (4): 716–742.

[216] Tadmor C T, Hong Y Y, Chao M M, et al. Multicultural experiences reduce intergroup bias through epistemic unfreezing [J]. Journal of Personality and Social Psychology, 2012, 103 (5): 750–772.

[217] Tong Y, Hui P, Kwan L, et al. National feelings or rational dealings? The role of procedural priming on the perceptions of cross-border acquisitions [J]. Journal of Social Issues, 2011, 67 (4): 743–759.

[218] Torelli C J, Keh H T, Chiu C-Y. Cultural symbolism of brands [M] // Loken B, Ahluwalia R, Houston M J. Brands and brand management: Contemporary research perspectives. New York: Routledge, 2010.

[219] Trope Y, Liberman N. Temporal construal [J]. Psychological Review, 2003, 110 (3): 403–421.

[220] Theodosiou M, Leondou L C. Standardization versus adaptation of international marketing strategy: An integrative assessment of

the empirical research [J]. International Business Review, 2003, 12(2): 141–171.

[221] Torelli C J, Özsomer A, Carvalho S W, et al. Brand concepts as representations of human values: Do cultural congruity and compatibility between values matter? [J] . Journal of Marketing, 2012, 76 (4): 92–108.

[222] Tajfel H, Turner J C. The social identity theory of intergroup behavior [J] . Political Psychology, 1986, 13 (3): 7–24.

[223] Tadmor C T, Tetlock P E, Peng K. Acculturation strategies and cognitive complexity [J] . Journal of Cross–Cultural Psychology, 2009, 40 (1): 105–139.

[224] Verhoeven J W M, Hoof J J V, Keurs H T, et al. Effect of apologies and crisis responsibility on corporate and spokesperson reputation [J] . Public Relations Review, 2012, 38: 501–504.

[225] Valenzuela A, Raghubir P. Position–based beliefs: The center–stage effect [J] . Journal of Consumer Psychology, 2009, 19 (2): 185–196.

[226] Van Rompay T J L, De Varies P W, Bontekoe F, et al. Embodied product perception: Effects of verticality cues in advertising and packaging design on consumer impressions and price expectations [J] . Psychology & Marketing, 2012, 29 (12): 919–928.

[227] Wiggins J S. An informal history of the interpersonal circumplex tradition [J] . Journal of Personality Assessment, 1996, 66: 217 - 233.

[228] Wu T Y. Product pleasure enhancement: Cultural elements make significant difference [J] . Communications in Computer and

Information Science, 2011, 173: 247–251.

[229] Wynes M J. "Just say you're sorry": Avoidance and revenge behavior in response to organizations apologizing for fraud [J]. Journal of Business Ethics, 2021, 178 (1): 129–151.

[230] Wan C, Chiu C Y, Tam K P, et al. Perceived cultural importance and actual self–importance of values in cultural identification [J]. Journal of Personality & Social Psychology, 2007, 92 (2): 337–354.

[231] Webster D M, Kruglanski A W. Individual differences in need for cognitive closure [J]. Journal of Personality and Social Psychology, 1994, 67 (6): 1049–1062.

[232] Wilson T D, Nisbett R E. The accuracy of verbal reports about the effects of stimuli on evaluations and behavior [J]. Social Psychology, 1978, 41 (2): 118–131.

[233] Wells G L, Petty R E. The effects of overt head movements on persuasion: Compatibility and Incompatibility of responses [J]. Basic and Applied Social Psychology, 1980, 1 (3): 219–230.

[234] Wei H, Ran Y. Male Versus Female: How the gender of apologizers influences consumer forgiveness [J]. Journal of Business Ethics, 2019, 154 (1): 371–387.

[235] Ward T B, Smith S M, Vaid J. Conceptual structures and processes in creative thought [M] // Ward T B, Smith S M, Vaid J. Creative thought: An investigation of conceptual structures and processes. Washington: American Psychological Association Books, 1997.

[236] Wan C, Torelli C J, Chiu C Y. Intersubjective consensus and the maintenance of normative shared reality [J]. Social Cognition, 2010,

28 (3): 422–446.

[237] Wang L, Wang S, Keller L R, et al. Thinking styles affect reactions to brand crisis apologies [J] . European Journal of Marketing, 2016, 50 (7/8): 1263–1289.

[238] Wu Y, Yang Y Y, Chiu C Y. Responses to religious norm defection: The case of Hui Chinese Muslims not following the halal diet [J]. International Journal of Intercultural Relations, 2014, 39: 1–8.

[239] Xiao Y, Cauberghe V, Hudders L. Moving forward: The effectiveness of online apologies framed with hope on negative behavioural intentions in crises [J] . Journal of Business Research, 2020, 109: 621–636.

[240] Xie Y, Peng S. How to repair customer trust after negative publicity: The roles of competence, integrity, benevolence, and forgiveness [J] . Psychology & Marketing, 2009, 26 (7): 572–589.

[241] Yang Y J. Clashes of civilizations: Critical conditions for evocation of hostile attitude toward foreign intrusion of cultural space [D] . Illinois: University of Illinois at Urbana–Champaign, 2011.

[242] Yuan D, Cui G, Lai L. Sorry seems to be the hardest word: Consumer reactions to self–attributions by firms apologizing for a brand crisis [J] . The Journal of Consumer Marketing, 2016, 33 (4): 281–291.

[243] Yang D Y J, Chen X, Xu J, et al. Cultural symbolism and spatial separation: Some ways to deactivate exclusionary responses to culture mixing [J]. Journal of Cross–Cultural Psychology, 2016, 47(10): 1286–1293.

[244] Zhou N, Belk R W. Chinese consumer readings of global and

local advertising appeals [J] . Journal of Advertising, 2004, 33 (3): 63–76.

[245] Zanolie K, Van Dantzig S, Boot I, et al. Mighty metaphors: Behavioral and ERP evidence that power shifts attention on a vertical dimension [J] . Brain and Cognition, 2012, 78 (1): 50–58.

[246] Zajonc R B, Pietromonaco P, Bargh J A. Independence and interaction of affect and cognition [C] // Clark M S, Fiske S T.Affect and cognition: The 17th annual Carnegie symposium. Hillsdale: Erlbaum, 1982.